LE LANCEUR D'ALERTE N'EST PAS UN DÉLATEUR

www.editions-jclattes.fr

Pierre Farge

LE LANCEUR D'ALERTE N'EST PAS UN DÉLATEUR

JC Lattès

Couverture : LaLégende/Thierry Feuillet
Photo : © Olivier Roller

ISBN : 978-2-7096-6853-8

Première édition : mars 2021.

À tous les résistants

« La vérité franchit toujours trois étapes. D'abord elle est ridiculisée. Ensuite elle subit une forte opposition. Enfin elle est reconnue comme ayant toujours été une évidence. »

Arthur SCHOPENHAUER

Introduction

Pour le grand public, les lanceurs d'alerte sont Erin Brockovich dans le long-métrage éponyme de Steven Soderbergh, Jeffrey Wigand dans le film de Michael Mann sur les méfaits de l'industrie du tabac, ou Edward Snowden dont l'histoire a été racontée par Oliver Stone sur les dérives des renseignements américains. Ou encore l'avocat Robert Bilott, récemment incarné dans un film racontant le scandale du Teflon. Ce sont aussi des figures connues et controversées comme Julian Assange avec ses *Wikileaks*, Hervé Falciani et ses listes HSBC, Irène Frachon dans le dossier du Mediator, ou encore Li Wenliang, ce médecin chinois ayant témoigné de ses inquiétudes concernant la propagation d'un virus appelé Covid-19 ; l'exception demeurant peut-être celle d'Antoine Deltour, source des Luxembourg Leaks, qui a reçu l'an dernier le Prix du citoyen européen pour s'être senti dans l'obligation de parler, signaler, alerter.

L'objectif de ce livre est de répondre aux détracteurs des lanceurs d'alerte, qui considèrent l'initiative citoyenne comme une traîtrise, ou une vilenie d'individus attirés par l'appât du gain. Il répond à tous ceux qui considèrent que les lanceurs d'alerte seraient des délateurs. C'est en effet le commentaire le plus fréquent que j'obtiens d'amis, de clients, ou de rencontres plus ou moins influentes au sujet des lanceurs d'alerte. Pour eux, ces derniers pourraient menacer une certaine solidarité. L'un d'eux m'a même confié un jour ne pas vouloir renoncer à la solidarité routière de l'automobiliste faisant des appels de phares pour signaler un radar – pratique d'ailleurs réprimée par aucun texte –, ou encore ne pas vouloir renoncer à la conversation fleurie avec son voisin à propos d'évitement fiscal, voire des petites corruptions ordinaires du quotidien. De façon générale, il souhaite préserver cette entraide conviviale qui fait la force d'un peuple, cette solidarité indispensable entre concitoyens, entre justiciables, face à la machine d'État, que je suis par ailleurs le premier à défendre.

Bien évidemment il ne s'agit pas de cela. Les lanceurs d'alerte ne s'intéressent pas à la dénonciation du travail au noir d'un voisin, à la minable démarche de celui qui dénonce ce qu'il croit être un non-respect du confinement, ou encore à ces appels farfelus visant à dénoncer une fraude fiscale en raison d'un train de vie affiché sur un réseau social. Ces corbeaux, ces mesquineries, ces jalousies n'ont rien à voir avec des lanceurs d'alerte. Que l'on se rassure, la protection des lanceurs d'alerte n'entraînera ni la fin des pratiques solidaires, ni celles faisant craindre une société de défiance, de suspicion, de contrôle.

Comment, dès lors, comprendre cette défiance d'une partie de l'opinion, qui compare ces initiatives à de viles manœuvres de délateurs, alors que les lanceurs d'alerte méritent d'être défendus ? Et pourquoi assistons-nous à une recrudescence d'initiatives aux quatre coins de la planète, ce qui devrait expliquer une prolifération législative pour les protéger ?

D'abord, parce que les méfaits que le lanceur d'alerte révèle sont généralement hors du commun. Les affaires relatées dans ce livre sont toutes véridiques au point de générer des comportements invraisemblables, comme ce haut fonctionnaire des services secrets fiscaux qui a eu la fantaisie de s'introduire dans l'intranet de mon cabinet d'avocats pour accéder aux informations confidentielles d'un client lanceur d'alerte sans avoir à passer par mon intermédiaire, s'affranchissant ainsi des contraintes morales, éthiques et, accessoirement, légales.

Ce qui pourrait relever dans ce cas de l'anecdote d'un margoulin ayant sali la fonction a fini par me convaincre de l'absence totale de protection du lanceur d'alerte, et m'a poussé à me demander jusqu'où l'État était prêt à aller pour obtenir les informations détenues par un lanceur d'alerte.

Cette histoire (personnelle) dans l'histoire (professionnelle) est peut-être à l'origine de ma résistance individuelle, finalement guère éloignée de l'insubordination tant reprochée aux lanceurs d'alerte par leurs employeurs. Cette désobéissance, qui fait sortir de l'institution, permet de clamer son individualité au cœur du système, de reprendre son nom propre, qui n'est plus un rouage au sein d'une machine, quitte à se mettre à dos ou contrarier des hommes politiques, des hommes d'affaires et quelques magistrats.

Dans la finance, ces initiatives portent souvent sur la fraude fiscale, le blanchiment, ou des faits de corruption (Falciani, Gibaud, Deltour) ; dans le renseignement, sur l'exploitation de nos données personnelles (Snowden, Assange, Renahy) ; dans le médical ou la santé publique, sur le danger d'un médicament (Mediator avec Irène Frachon) ou d'un virus (Covid-19 avec Li Wenliang).

Les lanceurs d'alerte représentent l'un des plus grands enjeux des prochaines décennies. Finalement, comme le dit lui-même Edward Snowden dans ses *Mémoires vives*, ils sont « des vies qui entrent en éruption », suggérant ainsi que les lanceurs d'alerte sont des « volcans » ; ils ne sont destructeurs que sur le court terme, mais font bouger le monde sur le long terme. Ils créent des îles, refroidissent la planète et enrichissent les sols. Leur lave coule hors de tout contrôle, puis refroidit et se durcit. Les cendres qu'ils envoient dans les airs saupoudrent la terre de minéraux : elles la fertilisent pour y faire pousser une vie nouvelle.

I.

Le lanceur d'alerte est à l'origine de la démocratie

Le lanceur d'alerte préexiste à la démocratie ! Comme nous allons le voir, son rôle a largement contribué à son avènement. Depuis la Grèce antique avec les sycophantes, sous la domination romaine avec les *delatores*, au Moyen Âge avec le *qui tam*, puis, plus proche de nous, aux États-Unis.

L'Antiquité grecque

Les premiers lanceurs d'alerte ont vu le jour au VIe siècle avant J.-C. Évidemment, ils n'avaient pas encore ce titre, mais étaient plutôt appelés « sycophantes », ou « dénonciateurs des voleurs de figues dans les bois de l'Attique », selon l'étymologie proposée par le Littré. Ils vivaient de leurs révélations auprès de la justice.

Deux personnages majeurs de l'histoire en sont à l'origine : Solon et Clisthène.

Entre 546 et 518 avant J.-C., une crise économique et politique conduit à une évolution de gouvernance, en rupture totale avec le régime despotique de Pisistrate auparavant à l'œuvre. La tyrannie avait engendré la servitude de personnes endettées devenues esclaves. Et l'apparition de la monnaie et l'essor du commerce avaient enrichi toute une frange de la population, laquelle ne supportait plus d'être sous les ordres de nobles tels les fils de Pisistrate, Hipparque et Hippias.

Pour répondre à cette crise sociale, Solon, aristocrate et poète, décide d'engager des réformes fondamentales pour mettre un terme au système de classes en vigueur à Athènes, abolissant au passage l'esclavage.

Quelques années plus tard, en 507 avant J.-C., Clisthène décide d'accorder au peuple la participation aux décisions et aux fonctions politiques en échange de son soutien au régime démocratique. Un nouveau système juridictionnel est ainsi instauré. La principale juridiction devient l'Héliée, tribunal populaire composé de six mille citoyens tirés au sort. Et en l'absence de ministère public au sein de cette juridiction nationale unique, le civisme des citoyens est requis pour dénoncer tout crime ou délit. Les actions judiciaires sont alors divisées en deux classes. L'action privée, qui suppose un intérêt personnel à agir. Et l'action publique, où le rôle de procureur est confié à tout citoyen souhaitant agir dans l'intérêt général. Ainsi, l'obligation de dénoncer devient une obligation légale, un devoir citoyen, un impératif démocratique pour faire respecter la loi.

C'est si vrai que, quelques années plus tard, l'ouvrage majeur de l'époque, *La République* de Platon, soutient que les citoyens négligeant d'avertir les magistrats, ou de leur apporter leur concours, doivent être punis par la loi. Le respect du droit est assuré. Le lanceur d'alerte est né. Il est à l'origine de la création de cette institution, existant aujourd'hui dans tout pays démocratique, chargée de faire respecter le droit et l'intérêt général : le ministère public.

Le sycophante pouvait ainsi percevoir tout ou partie des sommes recouvrées par l'amende sanctionnant les agissements illégaux révélés. Les délits et crimes dénoncés étaient souvent ceux de trahison, de lèse-majesté, ou d'attentat contre la sûreté de la patrie.

C'est sans doute de cette sagesse que naît aussi dans la philosophie grecque la figure du « parrèsiaste », le diseur de vérité, qui n'est pas étrangère à celle du lanceur d'alerte contemporain. Chère à Michel Foucault qui la développera longuement, la « *parrêsia* » oblige certes de clamer haut et fort une vérité sans filtre, marquant son opinion, sa pensée, sa croyance, mais à condition de prendre un risque. Un risque qui concerne la relation même que le parrèsiaste entretient avec celui auquel il s'adresse. Un risque qui renvoie donc à une forme de courage d'alerter en dépit des représailles quasi systématiques.

Mais toute avancée a ses limites : apparaît rapidement une distinction entre les sycophantes qui agissent par excès, et les alerteurs guidés par le souci de l'intérêt général. Cette dichotomie se fonde sur la « bonne foi » telle que présentée par le législateur de Sparte, Lycurgue, qui préconisait de ne pas être « animé par le moindre ressentiment, ni par le souci de l'emporter sur autrui ». Cette nuance n'est pas sans rappeler la notion de loyauté et d'intérêt général qui fait tant débat aujourd'hui dans la bouche des détracteurs de lanceurs d'alerte, et que nous comprendrons plus loin.

C'est Hérodote, premier historien connu, qui atteste de tout cela, exactement à la même époque. Dès lors, sauf à admettre que Hérodote ait menti, et que tous les historiens se soient trompés depuis, il ne fait aucun doute que les lanceurs d'alerte se sont fixés dans l'histoire au ve siècle avant J.-C. Mieux, il y a fort à parier que les lanceurs d'alerte existaient bien avant, mais nous n'en avons pas conservé de trace.

Les sycophantes ont donc pris une dimension majeure dans les affaires de la Cité en rapportant leurs alertes à l'administration. Moins qu'une traîtrise contemporaine, lancer une alerte était donc une obligation légale dans l'Antiquité.

Ainsi, c'est en Grèce que, pour la première fois dans l'histoire de l'humanité, la démocratie a été pensée, expérimentée – celle-là même qui inspirera les idéaux de la Renaissance, des Lumières et de la Révolution française –, et que les premiers lanceurs d'alerte sont apparus.

L'Antiquité romaine

Quatre siècles plus tard, l'Empire romain fait l'expérience des « *delatores* », au Ier siècle avant J.-C., sous Auguste, premier empereur romain. Le terme de « *delatores* » est évidemment malheureux dans le cadre de notre sujet, mais en latin l'étymologie proposée au Littré impose une traduction littérale d'« informateurs banals », ou d'individus alertant d'une fraude contre le trésor public de l'Empire.

Comme dans l'Empire grec, les délits et crimes dénoncés étaient souvent ceux de lèse-majesté, à l'origine notamment de la loi des *maiestas*. Selon Tacite, la notion de *crimen maiestatum* recouvrait les crimes de « trahison envers l'armée, sédition à l'égard de la plèbe, mauvaise gestion des affaires publiques, nuisible à la majesté du peuple romain ».

En 319, Constantin défend même la délation sous peine de mort. Il juge digne de récompense celui qui dénonce l'exercice de la superstition d'un haruspice[1] dans la maison d'un particulier. En 325, par une constitution adressée *ad*

1. Art divinatoire de lire dans les entrailles d'un animal sacrifié.

universos provinciales, il incite à la dénonciation des exactions des juges, des comtes, de ses amis, des hommes de son palais, et promet honneurs et récompenses à ceux qui réussiraient. Il apparaît ainsi que la délation est un mal nécessaire pour corriger une partie des abus qu'engendre le despotisme. Et cela se conçoit : sans délation, les malversations n'ont plus ni frein ni digue, et les puissants peuvent se livrer impunément à toutes sortes d'abus.

Si tout cela nous semble impensable aujourd'hui, il faut néanmoins tenter de l'examiner avec les lunettes de l'époque : une République romaine dirigée par un autocrate, disposant des pleins pouvoirs à vie, gouvernant seul, et nommant ses magistrats.

Sans surprise, l'octroi de ces récompenses se fondait alors sur le libre arbitre de l'administration impériale, et ne répondait donc pas à un système codifié de gratifications. Un état de fait qui n'est pas sans rappeler les dispositifs législatifs actuels de la loi française, c'est-à-dire, comme nous le verrons plus loin, que l'indemnisation pour le lanceur d'alerte du fisc est laissée à la discrétion d'un haut fonctionnaire du Trésor public sur des critères opaques et insusceptibles de recours. Le lecteur appréciera que la législation française n'ait guère évolué sur ce point en vingt-deux siècles !

Cette opacité est d'autant plus inquiétante aujourd'hui lorsqu'on sait que le système des *delatores* s'est trouvé dévoyé, après un siècle d'utilisation, par la multiplication injustifiée d'alertes, conduisant à un engorgement de la justice. Le système a donc fini par tomber dans une impasse, en raison de l'absence de codification claire des récompenses octroyées au citoyen romain.

L'histoire témoigne en effet qu'à partir du règne de l'empereur Tibère (14-37 après J.-C.) jusqu'à celui de Théodose Ier au IVe siècle, le système s'est délité jusqu'à disparaître (comme autant de preuves que, déjà dans l'Antiquité, la clé d'un dispositif d'indemnisation du lanceur d'alerte réside dans sa transparence).

Après un siècle de réelle utilité, et quatre siècles de délitement, la fin de la période antique met un terme aux signalements des *delatores*. Le déclin de l'Empire romain laisse alors émerger plusieurs nouveaux royaumes, dont celui de France avec Clovis au VIe siècle, qui décide de confier la défense des intérêts du royaume, non plus à n'importe quel citoyen qui y aurait intérêt, mais à ce qu'on va appeler des procureurs[1] qui seront à son service exclusif.

Profitons-en pour rappeler ici qu'aujourd'hui le ministère public se fait appeler « parquet » dans le jargon judiciaire. Ce terme fait écho à l'expression de l'époque du « parquet des Gens du Roi », ce qui signifiait *petit parc ou enclos* en ancien français. L'idée sous-jacente était ainsi de constituer un corps défini d'individus dédiés à la protection des intérêts du roi, et par extension du royaume. Le lanceur d'alerte antique est donc à l'origine du ministère public, cette autorité, qui existe encore aujourd'hui, chargée de faire respecter le droit et l'intérêt général, comme le fait finalement le lanceur d'alerte.

Le Moyen Âge

L'Antiquité gréco-romaine nous a donc légué le lanceur d'alerte et l'idée d'une justice contemporaine avec la création du ministère public.

1. Le procureur de la République est le magistrat du ministère public dans le ressort d'un tribunal judiciaire.

Après environ un millénaire de silence, celui-ci revient en Angleterre au Moyen Âge, en 1400, sous le règne du roi Henri IV. Tel un sénateur romain, les excès en moins (nous sommes en pleine guerre de Cent Ans), Henri IV fait de l'Angleterre le premier pays occidental à se doter d'un système d'alerte complet et pérenne, à la différence des empires grec et romain.

Le pays admet en effet ce principe originaire du droit romain « *qui tam pro domino rege quam pro se ipso in hac parte sequitur* » – celui qui agit en justice au nom du roi comme en son nom propre. L'apparition de la rétribution d'une partie des sommes recouvrées y est identique au fonctionnement du sycophante et des *delatores* : elle vient pallier le manque de ministère public effectif, encore trop jeune, et donc peu efficace.

L'adoption de cette loi du *qui tam* en 1318 répond à un environnement de défiance totale envers les juridictions existantes. Le texte a donc pour objectif de permettre aux citoyens d'agir directement pour une meilleure application du droit en informant les autorités compétentes, notamment constituées de jurés populaires par douzaines.

Mais, au bout de deux siècles de pratique bénéfique, l'autorité britannique est à son tour confrontée aux abus des informateurs *qui tam*, à savoir l'appât du gain et le discrédit de ce procédé auprès des conseillers du roi qui cherchaient tous à dénoncer pour s'enrichir. À partir du XVIe siècle, le parlement restreint donc progressivement le champ d'application de la loi dans le but de le rendre difficilement accessible, faute encore une fois d'avoir légiféré en temps voulu pour encadrer strictement cette pratique.

Là encore, comme dans l'Empire romain, l'absence de codification claire et transparente des récompenses pour les informateurs *qui tam* a détourné ce système de son utilité fondamentale, à savoir permettre le recouvrement intégral des deniers dus au royaume.

Toujours est-il qu'à la toute fin du Moyen Âge survient alors un grand lanceur d'alerte sur les pratiques déviantes de l'État, le premier dont le monde contemporain se souvient : Martin Luther. Scandalisé par le Commerce des Indulgences – consistant en la possibilité d'acheter des indulgences, c'est-à-dire un morceau de papier portant la rémission totale ou partielle, selon le prix que l'on y mettait, devant Dieu pour le rachat de son péché –, instauré par la papauté pour financer la construction de la basilique Saint-Pierre, Luther publie en 1517 ses *95 thèses*. À l'origine de la Réforme protestante – qui proteste – ce document « par amour pour la vérité et dans le but de la préciser [...] » consiste en 95 *bullet points* placardés devant une église connue de l'époque à la veille de la Toussaint, puis relayés dans toute l'Europe à la vitesse d'un tweet médiéval.

La période moderne : le lanceur d'alerte contribue à l'indépendance des États-Unis

Le système du *qui tam*, né au Moyen Âge en Angleterre, est abrogé en 1951 pour plusieurs raisons. D'abord à cause du manque de popularité des informateurs, essentiellement motivés par l'argent et non contrôlés. En outre, le *qui tam* a fini par tomber en désuétude devant le développement du ministère public qui, en l'espace de six siècles, a corrigé son inefficacité par un nombre croissant de magistrats exerçant cette activité à part entière. Et donc exerçant avec compétence.

Notons au passage qu'il est pour le moins paradoxal que les lanceurs d'alerte soient aujourd'hui poursuivis par la justice pour leurs initiatives – et parfois par un procureur de la république, dont la fonction même est née de l'activité de lanceur d'alerte !

En tout état de cause, le système du *qui tam* est entre-temps introduit par les colonies britanniques aux États-Unis, et maintenu à l'issue de la guerre d'indépendance. Où le *qui tam* est d'ailleurs toujours en vigueur, depuis 1863, sous le nom de *False Claims Act*.

Les précurseurs : Samuel Shaw et Richard Marven

Les premiers lanceurs d'alerte modernes apparaissent aux États-Unis, au lendemain de la guerre d'indépendance. En 1777, deux officiers de l'US Navy, Samuel Shaw et Richard Marven, furent les premiers à se faire la voix de l'intérêt général en dénonçant les tortures infligées aux prisonniers de guerre britanniques. Informé d'une pétition lancée par Shaw et Marven, le premier commandant en chef de l'US Navy décide de poursuivre en justice les auteurs de ce signalement sur la base d'une diffamation à son égard, pour finalement les faire emprisonner après un procès kafkaïen. En réponse, le Congrès continental, ancêtre du Congrès américain que l'on connaît, promulgue une résolution, le 30 juillet 1778. Ce texte est la première norme visant à protéger les lanceurs d'alerte. Il permettra de libérer Shaw et Marven, accessoirement de les indemniser pour le tort qui leur a été causé, et de les remercier d'avoir contribué à défendre l'intérêt général.

Shaw et Marven bénéficièrent ainsi d'une rétribution de 1 418 dollars – une somme conséquente pour l'époque. Cette volonté de transparence de l'information dans un souci de l'intérêt général, héritée de l'indépendance du pays, explique sans doute pourquoi les États-Unis sont aujourd'hui les champions en matière de protection des lanceurs d'alerte.

C'est fort du cas de Shaw et Marven que lors de la guerre de Sécession[1], le président Abraham Lincoln décide de faire voter au Congrès

1. Aussi *Civil War* dans l'histoire américaine, (1861-1865).

le False Claims Act, en 1863. Cette nouvelle loi permet aux lanceurs d'alerte de dénoncer les ventes d'armes défectueuses aux troupes de l'Union durant la guerre qui oppose pendant quatre ans l'Union et la Confédération. Lincoln, leader de l'Union au Nord, a ainsi eu recours aux lanceurs d'alerte pour mener à bien sa campagne contre les troupes de Jefferson Davis, leader de la Confédération au Sud. La mise en application de cette loi a dès lors un effet dissuasif sur d'éventuelles fraudes à l'encontre des troupes de l'Union. Le risque d'une sanction pécuniaire est ainsi pris au sérieux par tous les potentiels fraudeurs.

Ce premier signalement en appelle évidemment de nouveaux dans les années qui vont suivre, comme si chaque nouvelle révélation en encourageait d'autres. Ainsi d'Herbert Yardley, qui révéla en 1931 les pratiques de la « Chambre noire » (le premier service d'intelligence de cryptographie américaine), ou de Smedley Butler qui, en 1933, prévint d'un putsch contre le président Roosevelt.

Les nouveaux lanceurs d'alerte

Au tournant du XXe siècle, une nouvelle figure dans le monde des médias apparaît : les journalistes d'investigation. Appelés *muckrakers,* littéralement « déterreurs de scandales », ils dévoilent au public des affaires de corruption impliquant industriels ou hommes politiques américains. Grâce à eux, émergera ce que l'on appelle rapidement le quatrième pouvoir, ou plutôt contre-pouvoir de la démocratie.

Les années 1920 verront aussi la naissance de plusieurs canaux de communication de premier ordre. À savoir, la NBC créée par l'homme d'affaires américain David Sarnoff ; le magazine *Time* par le magnat de la presse Henry Luce ; et le groupe radiophonique CBS fondé par William Paley.

Un des artisans majeurs du rôle sociétal des lanceurs d'alerte sera aussi incarné par Daniel Ellsberg, diplômé de Harvard en 1952, et analyste au sein de la *Rand Corporation*, une institution américaine de recherche et de conseil en stratégie militaire. Après avoir donné une conférence universitaire en Pennsylvanie en août 1969, Ellsberg fait le choix de révéler des documents internes protégés par le secret-défense. Sorte de Snowden avant l'heure, Ellsberg décide d'emporter à son domicile le rapport de sept mille pages auquel il a lui-même contribué, relatif à la relation entre le Vietnam et les États-Unis de 1945 à 1967, et rédigé à la demande de Robert McNamara, secrétaire d'État à la Défense nationale.

Son envoi aux sénateurs restant sans réponse, il trouve une oreille intéressée auprès du *New York Times* qui le publie de manière parcellaire dès juin 1971. Le scandale, aujourd'hui appelé « Pentagon Papers », éclate. Les brèves publiées prouvent l'enlisement des Américains au Vietnam et la volonté du gouvernement de généraliser le conflit.

L'opinion publique est d'autant plus choquée que ces mêmes documents révèlent que l'envoi de militaires américains au front est procédé au mépris des faibles probabilités de victoire. De nombreux actes de guerre, souvent dissimulés aux médias, sont mis en lumière par les publications du journal, tels que les bombardements sur le Laos et le Cambodge et les raids maritimes au nord du Vietnam.

Frappé par une interdiction de diffusion, le *New York Times* cesse d'imprimer, mais, solidarité de la presse oblige, et du devoir d'information, le *Washington Post* prend le relais, sous la menace gouvernementale.

Les Pentagon Papers vont ainsi largement participer au discrédit de la guerre menée par les États-Unis en Asie du Sud et au sentiment de défiance de la population envers l'exécutif. Le lanceur d'alerte ouvre ainsi les yeux du peuple.

Daniel Ellsberg sera quant à lui poursuivi pour « vol », « conspiration » et « espionnage », allant jusqu'à risquer cent quinze ans de prison. En 1973, à la suite de la révélation de l'affaire du Watergate, qui poussera le président Richard Nixon à démissionner et, plus précisément, celle du cambriolage du bureau de son psychanalyste, les charges contre l'ancien analyste sont abandonnées, en raison de preuves fabriquées ou illégalement obtenues. En effet, en 1973, au procès du Watergate, l'un des accusés, G. Gordon Liddy, avoue avoir cambriolé, en 1971, le bureau du psychanalyste en vue de trouver des informations compromettantes. Cette révélation tend à rendre l'ensemble des preuves fournies contre Ellsberg inexploitable. Les charges pesant contre lui sont donc abandonnées, faisant de Daniel Ellsberg le premier lanceur d'alerte contemporain.

Aujourd'hui, les relations entre le lanceur d'alerte et la presse n'ont pas faibli. Tous deux restent fidèles aux mots de Martin Luther : « Par amour pour la vérité et dans le but de la préciser [...]. » Ce sont parfois les médias qui dénoncent, puis protègent la source du lanceur d'alerte, faute de garanties suffisantes en droit comme nous le verrons, sans parler de la création récente de consortiums de journalistes visant précisément à analyser les données partagées par les lanceurs d'alerte.

Faut-il encore rappeler le rôle des cinq principaux organes de presse qui se sont associés à la démarche des *Wikileaks* portée par Julian Assange en 2011 – le *New York Times* aux États-Unis, *The Guardian* au Royaume-Uni, *El País* en Espagne, *Der Spiegel* en Allemagne et *Le Monde* en France ? Ou encore le rôle de ces journalistes qui ont permis à Edward Snowden de partager en 2013 ses informations sur l'exploitation de nos données personnelles par les renseignements américains, tels cette journaliste indépendante

Laura Poitras, ou Gleen Greenwald au *Guardian* et Barton Gellman du *Washington Post* ?

La multiplication dans le même temps du nombre de plateformes pour venir en aide au lanceur d'alerte a également permis d'encourager les initiatives, et d'appréhender à temps certains dangers sanitaires, environnementaux et financiers : *GlobalLeaks* en 2011, *SecureDrop* en 2013 ou *The Signals Network* en 2018. Toutes ces plateformes contribuent aujourd'hui à aider la presse à faire son travail, à enquêter et finalement informer sans mettre en danger ses sources.

Depuis, on ne compte plus le nombre d'informations confidentielles révélées dans un souci d'intérêt général grâce à la presse, et qui n'auraient jamais pu l'être sans ces initiatives courageuses et citoyennes. Et j'écris cela en étant bien conscient des dérives de quelques journalistes qui se disent d'investigation, mais s'intéressent finalement moins au fond des choses qu'à leur écume, qui œuvrent soi-disant pour le droit à l'information, mais expriment davantage une haine du pouvoir qu'une volonté constructive de dénoncer des faits atteignant l'intérêt général. Le besoin d'alimenter des colonnes, la transparence à tout prix ne peuvent pas se réclamer à tout va de la liberté d'expression pour nourrir l'argument rituel du riche asservissant le pauvre.

Comme le sycophante et le parrèsiaste grecs, ou les *delatores* romains, le lanceur d'alerte et la presse seront toujours critiqués. Ainsi qu'en témoigne la fameuse maxime de Nicolas de Chamfort, cet académicien de la Révolution française, également nègre de Talleyrand, dans un chapitre sur la France, l'esclavage et la liberté : « En France, on laisse en repos ceux qui mettent le feu, et on persécute ceux qui sonnent le tocsin. »

Toujours est-il, c'est dans les années 1970 qu'apparaît aux États-Unis le *whistleblower*, équivalent de notre lanceur d'alerte actuel. Expression inventée par Ralph Nader, homme politique, avocat et activiste américain, connu pour son engagement dans la protection des consommateurs avec la parution en 1972 de l'ouvrage intitulé *Whistle blowing : the report of the Conference on Professional Responsability*. Cette appellation, qui peut être traduite par « celui qui souffle dans le sifflet », est définie dans cet essai comme « l'acte d'une personne qui, considérant que l'intérêt public prévaut sur l'intérêt de l'organisation qui l'emploie, signale que cette dernière est engagée dans une activité corrompue, illégale, frauduleuse ou dangereuse ».

Symptomatique de notre retard en matière de signalement, le terme de « lanceur d'alerte » n'arrive en France que trente ans plus tard, en 1999. La publication[1] de deux sociologues, Francis Chateauraynaud et Didier Torny, est à l'origine de cette avancée. Cependant, leur volonté n'est pas de créer un synonyme de l'expression *whistleblower.* Étudiant la sociologie relative aux risques sanitaires et environnementaux, Chateauraynaud souhaite trouver un terme permettant de définir le fait d'informer de potentiels futurs dangers, c'est-à-dire de « désigner les personnes ou les groupes qui s'efforcent de faire partager leur vision d'un futur en train d'advenir sans disposer nécessairement de tous les éléments pour convaincre ».

1. *Les Sombres Précurseurs – Une sociologie pragmatique de l'alerte et du risque.*

Alerter par souci de l'intérêt général

La plus grande divergence existante entre le terme anglo-saxon et les lanceurs d'alerte touche à la temporalité. Si le *whistleblower* a pour particularité de dénoncer une irrégularité en cours, la notion de lanceur d'alerte a quant à elle été créée pour prévenir des risques futurs potentiels. Les deux sociologues utilisent donc le terme de « tireur d'alarme légal » en synonyme au mot *whistleblower*.

Cette distinction établie, il n'en demeure pas moins que l'expression de lanceur d'alerte va, en pratique, se rapprocher du sens anglo-saxon dans l'imaginaire collectif, voire en devenir le synonyme. Souvenons-nous, dans les années 1960, du scandale sanitaire dévoilé par Erin Brockovich qui met en lumière la corrélation entre l'utilisation d'un produit pour empêcher les tuyaux de rouiller, et la contraction de maladies par le voisinage de ces installations. Ou encore en 1990 d'André Cicolella, un chercheur, chimiste et toxicologue, signalant les effets dangereux des éthers de glycol sur la santé. En 1999, c'est au tour de Jeffrey Wigand d'alerter le monde sur les méfaits du tabac, et notamment l'existence d'additifs comme l'ammoniac ; il permet ainsi des poursuites judiciaires de cette industrie aux États-Unis, et une condamnation record dans les annales de la justice américaine de 246 milliards de dollars.

Avec le recul, qui fait aujourd'hui la différence entre ces deux ontologies du lanceur d'alerte ? Agir pour dénoncer une irrégularité en cours ou prévenir des risques futurs potentiels ? Personne. L'important est plutôt de retenir que sans eux l'intérêt général n'aurait pas été protégé.

Tout l'objet de notre propos est de distinguer l'homme animé par le souci de l'intérêt général, de celui qui dénonce de manière calomnieuse un concitoyen sur des bases éhontées, rappelant les pires périodes de notre histoire. L'étymologie encore ne laisse aucune place au doute sur la bonne foi des lanceurs d'alerte, aux antipodes de ce qui anime les délateurs.

L'alerte

L'alerte vient de l'italien « *all'erta* ». « *All* » signifie « sur la » tandis que « *erta* » peut être traduit par le fait de « rester sur ses gardes », « être vigilant ». L'étymologie de la notion d'alerte démontre donc une nécessité d'être à l'affût afin de se protéger ; de se protéger à titre individuel, mais aussi collectif; d'appeler à la vigilance collectivement.

La délation

En 1636, le lexicographe français Philibert Monet, dans son ouvrage *Inventaire des deux langues française et latine*, interprète la délation comme une accusation et, par ricochet, le délateur comme un accusateur. Diderot déclare lui aussi que ce sont des personnes odieuses, et précise que si l'action semble être identique à une dénonciation, une délation reste une accusation.

La différence de définition se fonde donc sur la motivation de l'acte ; ce qui renvoie à l'alerte telle qu'on la connaît aujourd'hui : l'alerte n'est pas effectuée dans le but de nuire, ou dans l'objectif d'être indemnisé, mais bien pour protéger l'intérêt général.

Au risque de paraître un peu lourd à certains, une parenthèse de « philosophie politique » s'impose. Elle n'en est pas moins claire pour comprendre le droit français en vigueur.

Aux XVIIe et XVIIIe siècles, l'apport des Lumières, et notamment de Jean-Jacques Rousseau, est fondamental pour le lanceur d'alerte. Son *Contrat social* propose une définition de la volonté générale, renouvelant ainsi l'approche plus ancienne de John Locke. La volonté générale de Rousseau désigne ce que tout citoyen devrait vouloir pour le bien de tous, y compris pour son intérêt propre. Elle est l'ensemble des volontés particulières tendant vers un objectif commun de société, et se matérialise par la mise en place de règles normatives permettant la poursuite de ce bien commun. Par exemple, Rousseau veut d'une vache qu'elle soit laitière pour nourrir le village.

À l'inverse, la volonté générale telle que déterminée par Locke se définit comme l'addition des volontés particulières de chaque individu qui permet de poursuivre des objectifs collectifs au sein d'une société sortie de l'état de nature, sans loi ni principes moraux établis. Ici, la volonté particulière se comprend comme la recherche personnelle du bonheur par un individu au détriment d'un objectif commun de société. Par exemple, Locke veut une vache pour que les familles aient du lait. Nous sommes ici dans une logique individualiste. Pour lui, il n'existe pas d'instance supérieure qui dépasse l'individualité.

En ce sens, la philosophie rousseauiste repose sur un holisme ontologique – accrochez-vous, c'est bientôt fini –, c'est-à-dire qu'un « tout » est supérieur à la somme de ses parties. Elle permet ainsi d'identifier et de recentrer le signalement de l'alerte dans le cadre d'une action ayant pour objectif l'intérêt général. C'est la société dans son ensemble qui bénéficie ainsi de l'alerte, et non un individu aux seuls motifs de velléités pécuniaires.

Un bon exemple de ces conflits sociaux et politiques sur ces questions s'illustre dans l'affaire Dreyfus. Cette affaire est connue du grand public, mais elle demeure souvent ignorée dans ses détails, notamment s'agissant des questions de délation, de vérité, et finalement d'histoire. La condamnation fin 1894 du capitaine Dreyfus, officier juif, accusé à tort d'espionnage pour le compte de l'Allemagne, conduit le général Picquart à dénoncer la supercherie lorsqu'il constate de ses yeux que le document qui a servi de base à l'accusation n'a pas été rédigé par Dreyfus, mais par un autre qui se révélera être Esterhazy. Le document constitue donc un faux grossier, fabriqué pour faire accuser le capitaine.

Picquart est alors tiraillé entre le désir de dénoncer l'injustice et faire triompher la vérité, ou celui de se taire et entretenir l'antisémitisme. Il sera finalement placé en « héros » de l'affaire et en quelque sorte présenté comme le « lanceur d'alerte » qui a sacrifié sa carrière pour prouver l'innocence de Dreyfus. Jean Dujardin l'incarne dans le film de Roman Polanski, *J'accuse*, inspiré du fameux article d'Émile Zola. Quoique la réalité historique soit encore plus complexe, le courage de Picquart – qui lui vaudra sa carrière militaire et la prison durant plusieurs mois – a permis à l'opinion d'ouvrir les yeux, et de sauver le capitaine du bagne et de la prison à vie.

Le rôle de l'Union européenne dans cette distinction entre alerte et délation est également important. Le critère de la bonne foi, utilisé au Royaume-Uni entre 1998 et 2013, a par exemple été repris par l'Assemblée parlementaire du Conseil de l'Europe dans le cadre d'une résolution du 29 avril 2010, intitulée Protection des « donneurs d'alerte ». L'adoption de ce texte a pour objectif de reconnaître l'importance des lanceurs d'alerte et d'encourager l'établissement d'une protection à l'échelle de chaque État membre.

L'influence européenne ne s'arrête pas là puisque le législateur français s'est largement inspiré de la définition de « bonne foi » développée dans la jurisprudence de la Cour européenne des droits de l'homme, à savoir notamment les arrêts déterminants rendus en 2008, *Guja contre Moldavie*, et en 2011, *Heinisch contre Allemagne*. C'est sans doute dans ce sens que le Conseil de l'Europe lui-même affirme en 2019 que les lanceurs d'alerte ne sont pas des délateurs : « Lancer l'alerte doit devenir le réflexe normal de tout citoyen responsable ayant pris connaissance de dangers graves pour l'intérêt général[1]. »

Cette parenthèse refermée, il convient de répondre à l'argument trop souvent entendu pour s'opposer à la protection des lanceurs d'alerte, à savoir du délateur renvoyant à la plus sombre histoire de la France, et notre capacité proverbiale à dénoncer son voisin. Cet argument met au même niveau les lettres anonymes de dénonciation, courrier nauséabond animé de

1. Conseil de l'Europe, Résolution 2300, 1er octobre 2019.

l'esprit de vengeance, ou de jalousie, telles que reçues quotidiennement par le ministère des Finances ; alors que les lanceurs d'alerte font un signalement dans l'intérêt général, permettant la prévention ou la révélation des failles et des dysfonctionnements de nos États, de nos économies, de nos systèmes politiques et financiers, et à ce titre un recouvrement considérable de deniers publics.

Loin de la dénonciation anonyme, ou de ces Français qui en 1942 passaient leurs journées derrière leurs persiennes à chercher ceux qu'ils pourraient bien dénoncer, le lancement d'une alerte ne consiste pas à se poser la question dérangeante de savoir s'il vaut mieux résister ou collaborer. Mais il donne plutôt la possibilité à chacun de pouvoir protéger la spoliation organisée du bien public, et ainsi contribuer à l'intérêt général, renforcer l'égalité, et encourager la conscience démocratique.

II.

L'apport des lanceurs d'alerte ces quinze dernières années

L'histoire a dit que les lanceurs d'alerte avaient raison, et les vingt dernières années continuent de le confirmer.

On ne compte plus le nombre d'informations confidentielles (listing HSBC ou UBS, ou encore le livre d'Irène Frachon *Mediator 150 mg : Combien de morts*[1]) dans un souci d'intérêt général, et qui n'auraient jamais pu l'être sans ces initiatives courageuses et citoyennes.

Néanmoins, les lanceurs d'alerte ont, hélas, tous été traînés dans la boue suite à leur alerte. Tous ont alimenté cette question de la délation.

1. Le 7 juin 2010, le tribunal de grande instance de Brest a ordonné en référé le retrait du sous-titre « Combien de morts » de l'ouvrage d'Irène Frachon. La censure du titre a été annulée le 25 janvier 2011 par la cour d'appel de Rennes.

Tous sont aujourd'hui considérés à l'unanimité comme des héros. Tous ont finalement échappé au statut de pestiféré.

Pourquoi ? Pourquoi, sinon précisément parce qu'ils ne sont pas des délateurs ? Parce qu'ils ont apporté énormément à la société civile et à l'État de droit, tant dans le domaine de la santé et de l'environnement que celui de la finance et de l'administration de l'État.

L'exemple de Céline Boussié est moins connu que celui d'Irène Frachon. Aide médico-psychologique, elle a été témoin en 2013 de maltraitances sur des enfants et adolescents polyhandicapés de l'Institut médico-éducatif de Moussaron (IME).

Plusieurs signalements avaient déjà été donnés – en 1995 par Didier Borgeaud, et en 1999 par Bernadette Collignon et Chrystel Cornier – mais, comme pour l'Agence française de sécurité sanitaire des produits de santé avec Irène Frachon, ils étaient restés sans réponse. À l'époque, les trois individus ont été condamnés pour diffamation, malgré l'apport de plusieurs preuves qui ne semblaient guère différentes de celles de Céline Boussié – sinon que l'opinion a évolué entre 1995 et 2017, notamment avec l'arrivée de la loi définissant le lanceur d'alerte.

En arrêt maladie en raison d'une dépression, Céline Boussié décide donc de saisir en mai 2013 l'Agence régionale de santé Midi-Pyrénées. En 2014, elle est licenciée pour « inaptitude à tout poste ». À peine remise, elle dénonce aux micros d'Europe 1 puis LCI en 2015 les violences commises par le personnel de l'IME : le manque de soin, les barreaux de lit trop petits, l'utilisation de neuroleptiques faisant office de camisoles chimiques, les mesures de contention, l'enfermement d'enfants et de nombreux décès dus à ces négligences.

Bien que l'enquête de l'ARS finisse par énoncer dans son rapport un système de maltraitances institutionnalisé, Céline Boussié est tout de même poursuivie pour diffamation – une habitude de l'IME de Moussaron – avant d'être, cette fois, relaxée par le Tribunal correctionnel de Toulouse le 21 novembre 2017.

Finalement, l'alerte lancée par l'ancienne employée permet la médiatisation des conditions dégradantes dans lesquelles vivent les enfants et adolescents polyhandicapés grâce à la diffusion d'un reportage de *Zone interdite* le 19 février

2014. Le Comité des droits de l'enfant de l'ONU aborde à son tour ce scandale sanitaire le 14 janvier 2016 dans le cadre de l'audition quinquennale de la France pour contrôler la mise en pratique de la Convention internationale des droits de l'enfant. Enfin, le 31 janvier 2019, toute l'équipe de direction de l'IME est mise en examen pour « harcèlement moral » de la lanceuse d'alerte. Des condamnations pénales sont donc à espérer.

Quelle que soit l'issue judiciaire de ce procès, qui peut affirmer aujourd'hui que Céline Boussié serait un traître, que son initiative n'a pas permis d'alerter sur les conditions de vie de ces enfants handicapés, sauvant et améliorant l'existence de centaines d'autres ?

Un autre exemple me tient à cœur, celui de Karim Ben Ali.

En 2017, un chauffeur routier intérimaire fait état de l'existence d'un nouveau danger sanitaire et environnemental. Appelé pour travailler avec ArcelorMittal, sa mission est de transporter et déverser les boues de fer et autres déchets, produits à Florange. À la couleur jaune fluo du liquide et l'irritation de la fumée dégagée par le produit, Karim Ben Ali prend conscience du caractère extrêmement toxique de ce qu'il transporte et filme le déversement des déchets acides dans la nature, qui entraîne une pollution des sols sur plusieurs générations.

Son premier signalement interne est étouffé, et Karim Ben Ali se voit licencié pour « rupture de discrétion commerciale ». Trois ans après, il est en dépression, sa recherche d'emploi s'éternise et il touche toujours le RSA.

L'initiative n'est pourtant pas complètement vaine. Après le résultat d'une enquête de la Direction régionale de l'environnement, de l'aménagement et du logement (DREAL) en 2017, le parquet de Thionville déclenche des poursuites à l'encontre de l'entreprise pour « gestion irrégulière des déchets ». La communauté d'agglomération du Val de Fensch et la Fédération des chasseurs se sont constituées partie civile. ArcelorMittal est finalement relaxé le 23 septembre 2019 par le tribunal correctionnel de Thionville. Le parquet a interjeté appel. L'instance est donc toujours en cours à l'heure où j'écris ces lignes. Avec cependant un élément nouveau en faveur de l'intérêt général.

Trois ans après avoir été mis en demeure par la DREAL de fournir un rapport relatif à l'état des réseaux, ArcelorMittal a enfin décidé de le partager en novembre 2019, reconnaissant être à l'origine de deux épisodes de pollution en mars et août 2019. En décembre 2018, Karim Ben Ali porte aussi plainte contre ArcelorMittal pour « mise en danger et atteinte volontaire à l'intégrité de la personne », et pour « infraction aux règles de la sécurité et de la santé ». L'affaire est toujours en cours.

Quelle que soit encore l'issue judiciaire de ces deux procès, qui peut affirmer aujourd'hui que Karim Ben Ali serait un traître ? Qui oserait prétendre que son initiative n'a pas permis d'alerter sur les conditions de traitement des déchets toxiques, affectant notre santé et celle de nos enfants, pour que ces agissements cessent ? Ne serait-il pas la genèse de cette volonté gouvernementale de créer une juridiction spécialisée pour l'environnement, et l'introduction d'un « délit d'écocide et d'écologie » à notre constitution ?

Nous pourrions d'ailleurs nous poser la même question à propos de Li Wenliang, ce médecin chinois qui alerta de la pandémie d'un virus appelé Covid-19 quelques mois avant qu'il ne se répande à travers la planète tout entière. Certes, il n'a pas évité la propagation mondiale du virus, mais que se serait-il passé s'il n'avait rien fait, s'il n'avait pas contredit la machine chinoise qui tentait de nous aveugler sur le caractère inoffensif du virus ? Rappelez-vous : il était censé ne pas se transmettre à l'homme !

Reste que les lanceurs d'alerte en santé et en environnement ont meilleure réputation que leurs homologues dans le secteur financier. Ceux-là sont en effet considérés comme des délateurs, des balances de centaines de milliers de noms, figurant sur des listings bancaires, qui ont compromis le sort judiciaire de quelques contribuables fraudant le fisc. Pourtant, grâce à leurs révélations de fraude fiscale ils sont les seuls à permettre individuellement un tel recouvrement de fonds publics. En témoignent, Stéphanie Gibaud (UBS) et Hervé Falciani (HSBC).

Ingénieur franco-italien de la banque HSBC de 2001 à 2008, Hervé Falciani prend conscience de manœuvres de la filiale suisse favorisant l'évasion fiscale de ressortissants français. Il décide donc de partager avec les autorités françaises une liste de 127 000 personnes possédant des comptes bancaires non déclarés. Selon ses propres termes, Falciani agit face « à une violation systématique des droits fondamentaux des citoyens par le retranchement de fonds qui devraient être affectés à l'intérêt général ».

En 2008 donc – alors non accompagné d'un avocat pour ses révélations ; ce point aura son importance –, sa première démarche est d'attirer l'attention de l'Association suisse des banquiers, en activant naïvement le système d'alerte déployé pour les employés du système financier suisse. Immédiatement perquisitionné et interpellé par les autorités, Falciani fait le choix de s'enfuir en France. La Suisse lance alors un mandat d'arrêt international et demande aux autorités locales de perquisitionner son domicile. Le procureur de Nice s'intéresse ainsi au contenu de l'ordinateur principal perquisitionné et décide d'ouvrir une enquête non contre Falciani, comme le souhaiterait la Suisse, mais contre les ressortissants français impliqués.

Nouvelle procédure, nouveau pays. Menacé de mort par des clients de la banque entraînés dans son alerte, Hervé Falciani part se réfugier en Espagne. Sur le fondement du mandat d'arrêt international émis par la Suisse, le lanceur d'alerte est emprisonné à Barcelone de juillet 2012 à décembre 2012, puis assigné à résidence jusqu'en mai 2013. Il fait le choix de collaborer avec les autorités nationales des différents États concernés, à savoir la France et l'Espagne – en conséquence de quoi l'Espagne refuse d'honorer la demande d'extradition formulée par la Confédération helvétique.

L'ancien informaticien, aujourd'hui reconverti en consultant à Madrid, dénonce un acharnement de la justice suisse qui l'a condamné, par contumace, pour « espionnage économique aggravé », à cinq ans de prison, le 27 novembre 2015. À deux reprises, en 2013 et en 2018, la Confédération helvétique réitère sa demande d'extradition au motif que la violation de secret bancaire sur le territoire suisse serait punie jusqu'à trois ans d'emprisonnement[1]. En réponse, un tribunal spécial espagnol, compétent pour connaître du contentieux pénal, administratif et social,

1. Selon l'article 47 de la loi fédérale sur les banques et les caisses d'épargne.

confirme sa décision et refuse la requête suisse, arguant que l'infraction à laquelle a été condamné Hervé Falciani n'existe pas en Espagne.

Les révélations faites aux autorités fiscales françaises par Hervé Falciani ont participé à exercer une tension entre les différents États concernés par ces listes, à savoir la France, le Royaume-Uni, la Suisse, l'Espagne, le Brésil et les États-Unis. Cela dit, Falciani a permis le versement par HSBC de 300 millions d'euros dans le cadre d'un accord passé avec le parquet national financier, aussi appelé Convention judiciaire d'intérêt public, ou CJIP, dont nous reparlerons. Afin de s'éviter un procès en France pour « blanchiment de fraude fiscale », c'est la première CJIP signée après sa création par la loi Sapin 2[1] du 9 décembre 2016. Au surplus, après avoir inculpé HSBC pour « fraude fiscale » et « blanchiment », le parquet de Bruxelles conclut finalement une transaction pénale à hauteur de 294,4 millions

1. La loi Sapin 2 est abordée en dernière partie de ce livre ; elle est la première loi française venant définir le lanceur d'alerte et le « protéger » en théorie. Elle est aussi appelée techniquement loi n° 2016-1691 du 9 décembre 2016 relative à la transparence, à la lutte contre la corruption et à la modernisation de la vie économique.

d'euros, le 6 août 2019. La plus haute transaction pénale belge à ce jour.

Enfin, au Brésil, une enquête est toujours en cours contre les six cent soixante contribuables locaux figurant sur la liste divulguée par le lanceur d'alerte.

Qui peut donc affirmer aujourd'hui qu'Hervé Falciani serait une balance ? Que son initiative n'a pas permis un recouvrement sans précédents de deniers publics dans l'intérêt général, renflouant comme personne ne l'a fait auparavant les caisses de l'État, allégeant indirectement notre impôt à tous, finançant ainsi des programmes éducatifs, de santé ou pour l'environnement à long terme ?

Dans la droite ligne d'Hervé Falciani, Antoine Deltour au Luxembourg est lui aussi un bon exemple de lanceur d'alerte ayant défendu l'intérêt général ces quinze dernières années.

Employé de 2008 à 2010 au sein du cabinet d'audit international PricewaterhouseCoopers, aussi appelé PwC, Deltour démissionne en emportant avec lui de nombreux documents considérés comme « confidentiels » par l'employeur, car relatifs à des centaines d'accords fiscaux signés entre de grands groupes internationaux et l'administration fiscale luxembourgeoise – et ce au mépris total du droit européen en vigueur. Ce sont ainsi plus de 28 000 pages d'accords fiscaux signés entre 2002 à 2010 qui mettent en lumière l'exil fiscal de 343 entreprises. *Apple, Pepsi, Ikea, Amazon,* ou encore la *Deutsche Bank,* ont ainsi pu bénéficier du système fiscal luxembourgeois en négociant leur imposition – ce qu'on appelle aussi un « rescrit fiscal » ou schéma d'optimisation fiscale agressif. Cette pratique porte donc atteinte aux intérêts de l'ensemble des pays membres, censés agir loyalement, sans jamais tenter d'attirer des capitaux étrangers au mépris de la loi.

Là encore, Antoine Deltour a dû faire face à une longue procédure judiciaire pour être finalement considéré comme lanceur d'alerte par la Cour de cassation luxembourgeoise, le 9 janvier 2018. Union européenne oblige, et donc grâce à un effort de cohérence juridique entre pays, notons ici tout d'abord un léger progrès par rapport au cas de Falciani, que la Suisse a condamné par contumace : Antoine Deltour est indiscutablement considéré comme un lanceur d'alerte, et finalement – après un long combat judiciaire – exempt de toute condamnation.

Entre-temps, ces *LuxLeaks* ont permis la création de ce que l'on appelle un « paquet pour la transparence fiscale » au sein de l'UE dont la mesure principale consiste en un échange automatique des notes administratives accordant une négociation de l'impôt – aussi appelées rescrits fiscaux entre États membres.

Et ce n'est pas tout. Considérant l'impact de l'action d'Antoine Deltour, le Parlement européen vote le 17 juin 2015 un plan d'action pour une fiscalité des entreprises plus équitable et l'accroissement de la transparence au sein de l'UE. Mieux, le 25 novembre 2015, une nouvelle résolution du Parlement européen est adoptée concernant la pratique des rescrits fiscaux, réclamant notamment la mise en place d'une protection efficace européenne pour les lanceurs d'alerte. Preuve encore, s'il en est besoin, des apports dus au lanceur d'alerte : une directive européenne relative à la lutte contre l'évasion fiscale est adoptée le 12 juillet 2016. À son article 6, intitulé « Clause anti-abus général », elle énonce l'interdiction de prendre en considération un montage ou une série de montages effectués dans le but d'obtenir un avantage fiscal contraire à l'objet ou à la finalité du droit applicable. Enfin, une nouvelle directive européenne adoptée le 25 mai 2018 tend à encadrer l'activité des cabinets d'audit et à encourager l'échange d'informations avec les dispositifs transfrontaliers. Grâce à Antoine Deltour, le rescrit fiscal est ainsi strictement encadré, et ne se fait plus aux dépens de l'intérêt général des pays membres de l'Union, et de plus de cinq cents millions de ressortissants.

Qui peut en conséquence affirmer aujourd'hui qu'Antoine Deltour aurait trahi son pays ? Que son initiative n'est pas venue défendre les intérêts de la France, et de l'ensemble des pays européens ignorant tout des pratiques illégales du Luxembourg ? Au regard de l'avantage tiré des révélations pour notre pays, peut-on prétexter plus longtemps une violation du secret des affaires dommageable, qui ne servait qu'à couvrir des pratiques frauduleuses ?

On pourrait croire que les lanceurs d'alerte sont davantage protégés quand ils travaillent au sein d'une administration. C'est surestimer l'administration.

En 2009, Denis Breteau est un ingénieur cadre au service des achats de la SNCF lorsqu'il est témoin d'appels d'offres truqués entre la compagnie de transport et la société informatique IBM. Après lui avoir demandé de classer un appel d'offres en cours, sa supérieure hiérarchique lui ordonne de ne pas faire jouer la concurrence et de conclure ainsi avec IBM un contrat s'élevant trois fois plus cher que sa valeur réelle d'un montant d'un million d'euros.

Victime de représailles, de harcèlement et d'une mise au placard, il porte plainte à deux reprises, en 2012 et 2013, pour malversations et harcèlement moral contre la SNCF devant le parquet national financier. Symptomatique de la lenteur proverbiale de la justice, le parquet s'en saisit quatre ans plus tard en 2017. L'enquête est toujours en cours.

En 2018, Denis Breteau porte plainte une nouvelle fois pour harcèlement moral, extorsion de consentement, complicité de malversation et subornation de témoin contre des cadres de la SNCF. Le 26 décembre 2018, la compagnie le licencie dans la foulée, faisant de lui le premier lanceur d'alerte à pouvoir bénéficier de la loi

Sapin 2 adoptée le 9 décembre 2016, et que nous comprendrons plus loin.

Fort de ce texte, le Conseil de prud'hommes finit par donner raison à Denis Breteau en lui reconnaissant le statut de lanceur d'alerte le 17 avril 2019. L'interprétation faite par le juge est très encourageante puisqu'il se fonde, non pas sur la date des signalements effectués avant 2016, mais bien sur celle des représailles postérieures à l'adoption de la loi Sapin 2. En conséquence, il condamne la SNCF à le réintégrer, c'est-à-dire à lui payer son salaire tout le temps de son absence jusqu'au jugement, de même que 5 000 euros de dommages et intérêts. La cour d'appel confirme le jugement. Par ailleurs, dans la mesure où la décision concernant la plainte de Denis Breteau déposée en 2012 pour harcèlement moral n'a toujours pas été rendue, la reconnaissance du statut de lanceur d'alerte permet d'espérer une indemnisation d'un montant plus élevé que les cas d'autres lanceurs d'alerte[1] à l'engagement comparable dans le passé.

Cet état de fait rappelle aussi ce policier, Amar Benmohamed, qui, en juillet 2020, dénonçait les

1. Comme James Dunne, Stéphanie Gibaud, ou Nicole-Marie Meyer.

discriminations, le racisme dans les cellules du palais de justice de Paris. Celui-ci aurait dû recevoir immédiatement le soutien et la protection de son ministre, mais avait en réalité plutôt à craindre de représailles pour l'évolution de sa carrière. Dans ce sens, il recevra même six mois plus tard un avertissement « pour avoir tardé à faire un rapport ». Comme pour Denis Breteau, qui peut affirmer aujourd'hui que ce fonctionnaire serait un délateur pour avoir défendu les valeurs de la citoyenneté française, l'égalité de chacun devant la loi, la juste redistribution de notre impôt pour un service public allant du financement de nos trains à celui de nos prisons ?

Bien sûr, d'autres exemples éloquents de l'utilité des lanceurs d'alerte pour l'intérêt général nous viennent de l'étranger. Nous les connaissons.

Julian Assange et Chelsea Manning, avec leurs *Wikileaks*, qui ont signalé des pratiques contraires aux droits de l'homme, à la Convention de Genève, et allant au mépris de prisonniers et de civils innocents.

Claire Ghilam, la juge anglaise qui a dénoncé une mauvaise administration de la justice, aux dépens de son poste et de sa carrière.

Aaron Swartz, le plus jeune lanceur de l'histoire, diplômé du MIT, qui a permis une accessibilité au savoir en ligne gratuit, et qui en est mort, suicidé.

James Dunne, qui a mis en cause les systèmes de surveillance tentés d'être vendus à Bachar El-Assad pour mieux nous surveiller sur internet, et qui a gagné tous ses procès mais que cela n'a pas empêché de terminer à la rue.

Et bien sûr la conscience magnifique d'Edward Snowden, qui a révélé l'ampleur de l'espionnage opéré par les services de renseignements américains sur l'ensemble de nos communications dans le monde, et notamment l'exploitation de nos données personnelles sur les réseaux sociaux. Outre les avancées législatives qu'il a permises aux États-Unis et en Europe, quelques années plus tard, il permet d'ouvrir les yeux de l'opinion sur ce que l'on appelle le « capitalisme de surveillance » ou le nouveau marché de nos données personnelles dont les réseaux sociaux disposent plus que jamais dans l'histoire de l'humanité.

L'initiative de Snowden a suscité, et suscitera encore, des initiatives telles que celles de Brittany Kaiser, David Carroll et Christopher Wylie à l'origine du scandale de *Cambridge Analytica*.

Ces trois lanceurs d'alerte ont mis au jour les agissements de la société britannique ayant analysé les données de dizaines de millions d'utilisateurs pour changer leur comportement et les règles du jeu politique des élections (élections nigérianes en 2015, Brexit ou élection de Trump en 2016, voire génocide de Myanmar en Asie du Sud-Est en 2017). Et ce au mépris de nos droits fondamentaux et de la confiance morale que l'on accorde à ces réseaux sociaux.

Grâce à eux, nous prenons la mesure de l'exploitation faite à notre insu de nos données en ligne, de l'archivage quotidien d'informations sur nos vies qui peuvent potentiellement être réutilisées à tout moment.

Forts de ces alertes, trois chercheurs américains ont même démontré en 2015 les prédictions possibles sur un individu : avec 10 likes, l'algorithme est plus fiable sur un individu que ne le serait un collègue de travail, avec 150 likes qu'un membre de sa famille ; avec 300 l'algorithme connaît mieux l'internaute que son conjoint !

Qui peut en conséquence affirmer aujourd'hui que ces lanceurs d'alerte auraient trahi leur employeur pour avoir ouvert les yeux de l'opinion sur l'exploitation de nos données ? Qui peut leur reprocher d'avoir permis en 2018 l'introduction en France du *Règlement général sur la protection des données*, dit RGPD ? Qui peut regretter aujourd'hui que ce dispositif soit venu réintroduire un peu d'équilibre entre l'utilisateur et ces algorithmes tentant de s'emparer de nos cerveaux ?

III.

Aux États-Unis, les lanceurs d'alerte ne sont pas considérés comme des délateurs

L'affaire de l'UBS en France et aux États-Unis est symptomatique de ces deux poids deux mesures :

Stéphanie Gibaud a permis, entre autres, un recouvrement à l'État français de 3,7 milliards d'euros – la peine la plus lourde jamais infligée par la justice dans une affaire d'évasion fiscale – suite à l'injonction du parquet national financier. La lanceuse d'alerte a été indemnisée 30 000 € au titre de dommages-intérêts par le Conseil de prud'hommes pour son licenciement abusif, et 3 000 € par le Tribunal administratif de Paris condamnant l'État « en réparation du préjudice moral qu'elle a subi à raison de sa collaboration occasionnelle au service public entre les mois de juin 2011 et juin 2012 ».

Bradley Birkenfeld – qui a confirmé les mêmes pratiques, sur la même période, en violation d'un accord de transparence entre la banque et l'*Internal Revenue Service*[1] – a permis, dans la même affaire, un recouvrement aux États-Unis de 780 millions de dollars et a été indemnisé 104 millions de dollars pour son alerte par l'IRS.

S'il est l'aviseur fiscal ayant reçu la récompense la plus importante dans l'histoire de ce programme, en faisant nos calculs, dans le cas de Stéphanie Gibaud, la lanceuse d'alerte est considérée par l'État pour son initiative à 0,008 % des sommes qu'elle a permis de recouvrer, dans celui de Bradley Birkenfeld à plus de 13 %.

Mais intéressons-nous à présent à un pays où les lanceurs d'alerte ne sont pas considérés comme des délateurs, et sont à ce titre bien protégés, voire indemnisés pour leurs initiatives – en tout cas dans le secteur privé.

Les lanceurs d'alerte du secteur privé ont droit à des indemnisations qui se chiffrent à plusieurs millions de dollars, et sont protégés par les mesures de lois votées les vingt dernières

1. Équivalent de la Direction générale des finances publiques en France.

années (la loi *SOX* en 2002, la loi *Tax Relief and HealthCare* en 2006 et la loi *Dodd-Frank* en 2011, notamment).

À l'inverse, les lanceurs d'alerte du secteur public ne sont pas indemnisés pour leur signalement, pas plus qu'ils ne bénéficient de mesures de protection contre les représailles.

Pour preuve, l'affaire Edward Snowden.

Dans un souci d'intérêt général, il n'a pas hésité à dévoiler le système de surveillance mondiale mis en place par les États-Unis à la suite des événements du 11 septembre, notamment au travers de leurs agences de renseignement, en particulier la NSA[1], l'oreille absolue du pays. Pour autant, il est aujourd'hui accusé de ne pas avoir respecté l'*Espionage Act* de 1917, lequel interdit à tout employé gouvernemental de rendre public des informations sensibles relatives au domaine de la défense américaine.

1. *National Security Agency* (l'équivalent américain de nos services de renseignements).

Le secteur privé américain

Nous l'avons vu, en 1777, le Congrès continental a décidé de protéger deux lanceurs d'alerte, Samuel Shaw et Richard Marven, à la suite du traitement dégradant exercé par le commandant en chef de l'US Navy sur des prisonniers de guerre britanniques. Cette initiative a valu le premier texte normatif visant à protéger des représailles les lanceurs d'alerte, et accessoirement les indemniser pour le tort causé, de même que saluer solennellement d'avoir contribué à défendre l'intérêt général.

Cette mesure s'est ensuite institutionnalisée dans la Déclaration des droits américaine rédigée de 1791, aussi appelée *Bill of Rights*, et protégeant notamment la liberté d'expression en son premier amendement – argument si souvent mis en avant par les lanceurs d'alerte aujourd'hui pour se défendre de leurs agissements. La protection des lanceurs d'alerte est donc inscrite dans l'ADN du pays.

C'est fort du cas de Shaw et Marven que, lors de la guerre de Sécession (1861-1865), le président américain Abraham Lincoln décide de faire voter au Congrès, quatre-vingts ans plus tard, le *False Claims Act* de 1863 qui permet aux lanceurs d'alerte de dénoncer le commerce attractif d'armes défectueuses aux troupes de l'Union. Le *False Claims Act* a ainsi autorisé tout citoyen américain à porter une fraude à la connaissance de l'administration américaine pour défendre l'intérêt général.

Comme souvent dans l'histoire, ce sont les périodes de crise qui appellent à se réinventer. À la suite de la Grande Dépression qui a touché de plein fouet les États-Unis en 1929, la mise au jour des failles du système américain a libéré la parole de plusieurs lanceurs d'alerte, et permis de témoigner d'expériences au sein de l'administration.

Dans un souci d'informer l'opinion, le chef du bureau de déchiffrage, Herbert Yardley, décide de dévoiler les pratiques de la « Chambre Noire », le premier service d'intelligence de cryptographie américain, dont il rend compte dans son livre du même nom paru en 1931. Suite à sa publication, le Congrès américain prend la décision d'amender l'*Espionage Act* afin d'en renforcer les dispositions de non-divulgation d'informations.

C'est malheureusement cet amendement qui est à l'origine des déboires d'Edward Snowden aux États-Unis et dans le monde. S'il n'est pas forcément avantageux au lanceur d'alerte aujourd'hui, il n'en demeure pas moins que l'initiative de Yardley a encouragé toujours plus d'initiatives, jusqu'à celle, bien connue et sans précédent, d'Edward Snowden elle-même, aussi paradoxal que cela puisse paraître.

Précurseurs en matière de protection des lanceurs d'alerte dès la naissance du pays en 1776, les États-Unis ont très vite associé l'alerte à une indemnisation proportionnelle aux risques encourus et aux sommes recouvrées pour l'intérêt général. Ce principe est aujourd'hui entériné dans le *Taxpayer First Act*, voté en 2019 par le Congrès.

Le législateur américain a décliné son programme de lanceurs d'alerte au sein de quatre agences gouvernementales spécialisées, à savoir la *Securities and Exchange Commission* (SEC), l'*Internal Revenue Service* (IRS), la *Commidity Futures Trading Commission* (CFTC) et le *Department of Justice* (DoJ). À ce jour, le programme le plus important en nombre de cas, et s'agissant du montant des sommes recouvrées, reste le programme des lanceurs d'alerte de la SEC, créé en 2011 par la loi *Dodd-Frank*.

Ces deux institutions de la SEC et de l'IRS, par la rigueur de leur procédure, par leur indépendance et leurs excellents résultats, témoignent que le système de protection fonctionne. Elles sont la preuve institutionnelle que les lanceurs d'alerte ne sont pas des traîtres.

Le lanceur d'alerte de la SEC : le lanceur d'alerte des sociétés cotées en Bourse

Équivalent américain de notre Autorité des marchés financiers[1], la SEC est fondée en 1934. Son objectif est de veiller à la mise en application des lois fédérales sur les marchés boursiers, et de mettre fin à l'émergence durant l'entre-deux-guerres des fraudes interétatiques dans l'achat et la vente de titres en bourse. Les deux missions principales de la SEC font aussi écho à la crise de 1929 : protéger les investisseurs dans leurs achats et ventes sur les marchés boursiers, de même que leur redonner confiance en fournissant des

1. Aussi appelée AMF en France.

informations fiables et un cadre juridique clair. La SEC enquête donc précisément sur les violations potentielles des lois fédérales sur les marchés boursiers et peut porter plainte contre tout contrevenant.

À la différence de l'AMF, le rôle de la SEC auprès des lanceurs d'alerte se rapproche aussi de celui de l'administration fiscale française, chargée de recueillir les signalements des aviseurs fiscaux, ces lanceurs d'alerte français du fisc. C'est cette coordination qui fait sa force, et qui fait défaut en France.

Pour bien comprendre l'existence de la SEC, encore faut-il rappeler que ces avancées juridiques sont liées au scandale des *subprimes* et à la crise financière de 2008. Le président américain d'alors, Barack Obama, a souhaité mettre en place une réforme en profondeur des marchés financiers avec pour objectif la transparence des institutions financières que l'on croyait à tort *too big to fail*[1], et ainsi mettre un terme aux sauvetages financiers accablant les budgets de l'État à long terme.

1. « Trop gros pour faire faillite. »

Le *Dodd-Frank Act*, entré en vigueur le 21 juillet 2010, a donc introduit un Bureau des lanceurs d'alerte de la SEC, aussi nommé par son acronyme anglais OWB[1], lorsqu'une violation des lois américaines sur les sociétés cotées est présumée. La section 21F de ce nouveau texte assure la protection des lanceurs d'alerte, ainsi qu'une indemnisation pour service rendu à la SEC, s'élevant entre 10 % et 30 % de la somme recouvrée, à condition que la sanction monétaire soit supérieure à un million de dollars. Les Américains sont pragmatiques et, contrairement à la France, n'intéressent pas les lanceurs d'alerte à des fraudes qu'ils considèrent minimes – en dessous de un million de dollars – pour l'intérêt général.

Comment s'articule concrètement une alerte aux États-Unis ?

Toutes les procédures témoignent, par leur organisation et leur rigueur, qu'il ne s'agit pas de donner suite à une vile dénonciation téléphonique ou à un courrier anonyme, mais plutôt

1. *Office of the Whistleblower* en anglais.

d'encadrer un signalement d'utilité publique, et pour lequel le lanceur d'alerte prend un risque considérable méritant d'être protégé. Les chiffres parlent d'eux-mêmes aux États-Unis et devraient suffire à inspirer la France.

La procédure de lancement d'une alerte tient en trois étapes.

D'abord l'évaluation et le filtre par le Bureau des marchés[1]. Puis le traitement du signalement et les enquêtes qui s'ensuivent par l'OWB. Enfin, la procédure d'indemnisation des lanceurs d'alerte de la SEC. Reprenons :

Le Bureau des marchés étudie et classe la qualité de l'information de chaque alerte. Il reste donc une trace écrite de l'information partagée. Chaque alerte est ainsi identifiée et classée selon la qualité de l'information, afin notamment que la SEC fournisse des moyens supplémentaires pour la traiter.

La SEC peut alors utiliser des informations provenant des signalements selon différentes modalités : soit par l'ouverture d'une enquête, soit en procédant directement à l'application

1. *Office of Market Intelligence* en anglais.

de la loi pour recouvrement et sanction. À l'évidence, plus l'information transmise est précise, plus elle sera suivie d'enquête et de recouvrement rapide. D'où l'importance de soumettre un signalement si, et seulement si, il peut être étayé de pièces probantes, de transactions précises dans l'espace et dans le temps.

Selon un récent rapport de la SEC devant le Congrès, l'OWB suit actuellement plus de mille affaires dans lesquelles le signalement d'une alerte a entraîné un examen[1].

L'important pour la suite est d'abord de comprendre l'indépendance de l'OWB – c'est précisément le défaut d'organe comparable en France, et le défaut total d'indépendance des parties prenantes à ces questions, que je reproche chez nous. Aux États-Unis, il y a actuellement deux directeurs adjoints et neuf procureurs chargés d'évaluer la pertinence de l'information soumise, le cas échéant d'étudier les demandes d'indemnisation des lanceurs d'alerte et répondre aux questions du public. À ce titre, l'OWB est

1. Rapport annuel SEC, 2019.

appuyé par un personnel de soutien composé de comptables, d'assistants juridiques, d'analystes et d'un assistant administratif.

Si un lanceur d'alerte souhaite obtenir un secours financier une fois son alerte exploitée, six étapes s'imposent. Elles sont particulièrement importantes pour les mesures que je préconise pour la France.

1. *Avis de classement avec succès du dossier, en ligne sur le site de la SEC.*

L'OWB publie sur sa page internet un avis d'action de classement avec succès du dossier, appelé NoCA[1], pour chaque action ayant donné lieu à un recouvrement effectif. Pour l'année 2019, l'OWB a par exemple publié 151 NoCA. Concrètement, le lanceur d'alerte est informé par e-mail que son dossier figure sous la forme d'un numéro, que lui seul connaît avec l'administration, sur ce site internet. Cette publication fait alors courir le délai de prescription pour demander son éventuelle indemnisation.

1. *Notice of Covered Action.*

2. Dossier de demande d'indemnisation sous 90 jours.

Lorsqu'un avis de classement avec succès du dossier est publié, le lanceur d'alerte dispose en effet de 90 jours pour réclamer une indemnisation. Il doit alors soumettre un dossier de candidature via un formulaire adressé à l'OWB.

3. Examen et analyse des demandes d'indemnisation.

Le procureur de l'OWB évalue alors chaque candidature qui prétend à une indemnisation. Ce même procureur est indépendant des services d'investigations, et du service qui versera, éventuellement, l'indemnisation. Cette séparation des pouvoirs n'existe pas en France, où ces missions sont laissées à la discrétion d'un ou deux hauts fonctionnaires dans le meilleur des cas, et dont la décision reste insusceptible de recours.

4. Avis préliminaire rendu par l'équipe de l'examen des demandes.

L'équipe d'examen des demandes est composée de cinq fonctionnaires. Totalement indépendante de l'OWB, cette équipe publie alors un avis préliminaire afin de savoir si la demande doit être approuvée ou refusée. Et dans l'affirmative, elle propose un chiffre exact d'indemnisation.

Il s'agit donc bien ici de ne pas indemniser aveuglément une information, quel que soit le mérite qu'elle ait, mais bien de protéger, par le biais d'une prise en charge financière la plus équitable possible face aux conséquences que peut avoir l'alerte pour celui qui en est à l'origine.

Et, outre cette entité indépendante qui établit un chiffre d'indemnisation transparent et objectif, le droit américain prévoit également des voies de recours en cas de refus ou de désaccord sur son montant. Encore une fois, cela n'existe pas en France où les lanceurs d'alerte finissent par passer pour des fous ou des individus instables une fois leur information exploitée.

5. Recours en cas d'avis défavorable : la demande pour réexamen.

À compter de l'avis préliminaire, un lanceur d'alerte souhaitant être indemnisé peut réclamer par écrit, sous trente jours, une copie du document détaillant la base de calcul de l'indemnisation. En France, en revanche, l'administration oppose courageusement le secret des procédures fiscales pour justifier son refus de communiquer toute base de calcul.

6. Rendu de la décision définitive d'indemnisation par la direction de la SEC.

Après avoir étudié toute demande éventuelle de réexamen, l'équipe d'examen des demandes rend une proposition de décision définitive, qu'elle soumet à la direction de la SEC, elle-même composée de cinq commissaires indépendants – dont le président de la SEC –, tous désignés par le président des États-Unis[1]. Là encore, cela pourrait servir d'exemple en France, où la prise en charge de l'indemnisation dépend d'un ou deux hauts fonctionnaires, donc sans aucun gage d'indépendance.

Une fois tombée la décision définitive de la SEC, le lanceur d'alerte peut encore faire appel dans un délai de trente jours devant la cour d'appel où se situe son domicile ou lieu de travail. Autrement dit, non seulement le lanceur d'alerte dispose de la possibilité d'un réexamen de son indemnisation, évaluée en toute indépendance,

1. Nominations qui doivent encore recevoir l'approbation du Sénat par un vote à la majorité absolue conformément à la Constitution.

mais comme dans tout État de droit, il y a de surcroît un double degré de juridiction.

S'il en est encore besoin, quelques chiffres américains peuvent finir de convaincre de l'intérêt de telles politiques de protection des lanceurs d'alerte pour la France. Ces chiffres sont la preuve mathématique qu'une prise en charge financière encourage les initiatives d'alerte. Et la preuve factuelle que protéger un lanceur d'alerte favorise le recouvrement exponentiel de deniers publics.

En 2018, la SEC a offert des récompenses à hauteur de 50 millions de dollars en mars et 39 millions en septembre.

En 2019, à hauteur de 60 millions de dollars pour huit lanceurs d'alerte. Chacun d'entre eux a volontairement fourni des « informations originales » qui ont soit engendré l'ouverture d'une enquête, soit largement permis une action de mise en application de la loi. Par exemple, le 26 mars 2019, la SEC a annoncé une récompense d'un montant de 50 millions de dollars pour deux lanceurs d'alerte – à savoir 37 millions de dollars pour le premier, 13 millions de dollars pour le second.

En 2020, ce sont carrément 114 millions de dollars de récompense qui ont été annoncés fin octobre. Un record.

Depuis août 2011, la SEC a reçu plus de 33 000 signalements. Depuis 2012, la première année pour laquelle des données complètes sont disponibles, jusqu'à l'année 2019, le nombre de signalements d'alerte reçus par la SEC a augmenté de près de 74 %. Et sur la seule année 2019, la SEC a reçu plus de 5 200 signalements – le deuxième plus grand nombre de signalements reçus sur une année –, à peine moins qu'en 2018.

Au cours de l'année 2019, les plaintes les plus importantes transmises par les lanceurs d'alerte sont les falsifications sur les éléments financiers (21 %), suivies des fraudes (13 %), puis des manipulations sur les indices de marché (10 %). Le reste constitue des infractions atomisées comme les délits d'initié ou autres malversations sur les crypto-monnaies.

Depuis le début du programme des lanceurs d'alerte, la SEC a aussi reçu des signalements d'individus provenant de cent vingt-trois pays étrangers, dont soixante-dix pays sur la seule année 2019. Et, tenez-vous bien, le plus grand nombre de signalements reçus par l'OWB sur l'année 2019 provenaient… de la France, du Canada, de l'Allemagne et du Royaume-Uni – sans doute pour l'efficacité de son système, comparé aux autres législations nationales.

Autrement dit, la France manque si cruellement d'une protection effective de ses lanceurs d'alerte que ces derniers sont obligés de traverser l'Atlantique pour défendre l'intérêt général tout en étant individuellement protégés. Non seulement le Canada, pays limitrophe des États-Unis, n'est pas le premier sur cette liste, mais la France perd des dizaines de cas d'alertes tous les ans, et donc de rentrées en conséquence, faute d'une protection effective. Je peux en témoigner personnellement à mon cabinet d'avocats.

Mieux encore que l'indépendance de l'OWB, la loi *Dodd-Frank*, qui a créé cette entité au sein de la SEC, a même mis en place un fonds indépendant pour indemniser le lanceur d'alerte : l'*Investor Protection Fund*. Son fonctionnement est assez simple. Toutes les indemnisations sont assurées grâce aux amendes collectées par la SEC. Elles figurent au bilan budgétaire annuel dans un décompte clair et transparent entre les sommes recouvrées sur l'année du rapport et les sommes déboursées.

L'indemnisation des lanceurs d'alerte ne coûte donc rien aux citoyens. Les lanceurs d'alerte sont solidaires et s'auto-indemnisent. Et lorsque le solde de l'*Investor Protection Fund* tombe en dessous de 300 millions de dollars, un mécanisme de renflouement se met en place, permettant d'éviter tout retard dans l'indemnisation des lanceurs d'alerte – car ces retards seraient susceptibles de créer un effet dissuasif.

Le lanceur d'alerte de l'IRS : le lanceur d'alerte des infractions fiscales

Tout comme le lanceur d'alerte de la SEC vise les sociétés cotées en Bourse qui agissent frauduleusement, le lanceur d'alerte de l'IRS dénonce les faits de fraude fiscale.

Depuis 1863[1], la protection du lanceur d'alerte est ancrée dans l'histoire moderne américaine.

1. False Claims Act de 1863.

Mais c'est véritablement le vote du *Tax Relief and Health Care Act* de 2006 qui a changé en profondeur le programme des lanceurs d'alerte de l'*Internal Revenue Service*. Le changement clé de cette réforme a été la création d'un système d'indemnisation obligatoire en faveur des lanceurs d'alerte, fondé sur des critères objectifs ; et non plus laissé comme auparavant à la discrétion de l'administration fiscale américaine, et insusceptible d'appel, comme c'est malheureusement toujours le cas en France. Désormais, l'IRS doit verser aux lanceurs d'alerte éligibles entre 15 et 30 % de la somme recouvrée grâce à l'information révélée par leur signalement. En parallèle, cette loi de 2006 a aussi codifié les droits d'appel d'un lanceur d'alerte et demandé la création d'un Bureau des lanceurs d'alerte rattaché à l'IRS et comparable à celui de la SEC.

Que l'on soit pour ou contre la fraude fiscale, il convient de rappeler que les États-Unis perdent plus de 450 milliards de dollars américains chaque année en raison de cette pratique, comme en témoigne le bilan du programme des lanceurs d'alerte de l'IRS 2019. Forts encore une fois du pragmatisme qu'on leur connaît, les Américains ont été les premiers à comprendre que le recouvrement de milliards de dollars évadés ne peut se faire que par une indemnisation, et donc une protection, de ceux qui sont à l'origine de l'alerte.

Dans sa mise en place pratique, la réception d'une alerte par l'IRS se fait par le biais d'un formulaire appelé *Form 211*. Pour pouvoir être éligible au programme, la somme fraudée doit dépasser deux millions de dollars en comprenant les intérêts et les pénalités encourues. Par ailleurs, si l'entité qui doit s'acquitter d'impôts est une personne physique, le contribuable en question doit avoir des revenus supérieurs ou égaux à 200 000 dollars pour l'une des années où l'impôt est dû. Les Américains font donc clairement appel au lanceur d'alerte pour signaler surtout les plus gros fraudeurs.

Comme les chiffres très favorables de la SEC, le dispositif de signalement d'alerte de l'IRS se révèle fort efficace. Il a affiché des résultats très encourageants dès la première année d'application du texte en 2006, et a rapporté depuis plus de 5,7 milliards de dollars au pays. L'IRS a en conséquence indemnisé ces lanceurs d'alerte à hauteur de 931 millions de dollars, soit entre 15 et 30 % des sommes recouvrées pour la majorité, et moins de 5 % pour une minorité de recouvrements particulièrement importants.

S'il ne fallait donner qu'un seul exemple de la politique de protection de l'IRS vis-à-vis des lanceurs d'alerte, ce serait celui de Bradley Birkenfeld, l'homologue américain de Stéphanie Gibaud dans l'affaire UBS, dont nous avons déjà parlé, qui est venu confirmer les alertes françaises, et qui a pour cela bénéficié d'une protection sans précédent dans son pays.

En 2005, Birkenfeld, gestionnaire de patrimoine, constate que les transactions de l'UBS avec ses clients américains se font en violation d'un accord de transparence entre la banque et l'IRS. En prenant connaissance d'un document interne destiné aux employés et rédigé par le service juridique sur ces opérations transfrontalières interdites aux États-Unis, Birkenfeld comprend que cette note permet à l'entreprise de faire porter la responsabilité de ces montages d'évasion fiscale sur ses salariés, et non directement sur la banque elle-même. Il décide alors de porter un premier signalement interne à la division de la conformité de la banque, puis au directeur juridique, et enfin, faute de réponse utile, à l'IRS.

Grâce aux informations communiquées aux autorités américaines, le parquet américain conclut un accord avec la banque, la contraignant, notamment, à verser une amende de 780 millions de dollars, dont 104 millions pour le lanceur d'alerte. Birkenfeld reste à ce jour l'aviseur fiscal ayant reçu la récompense la plus importante dans l'histoire de ce programme.

Depuis, le programme des lanceurs d'alerte de l'IRS continue de se développer puisque ce sont 282 lanceurs d'alerte hors des États-Unis qui ont contribué à un signalement sur l'année 2019, permettant à l'État, et donc à l'intérêt général, de récupérer plus de 615 millions de dollars américains et de procéder à 181 récompenses. Nous n'avons pas les chiffres de pays étrangers, mais il y a fort à parier que, comme à la SEC, la France soit encore ici en bonne place.

En juillet 2019, à l'initiative du président Donald Trump, le Congrès a voté le *Taxpayer First Act*.

À tout seigneur, tout honneur, force est de reconnaître en premier lieu que ce nouveau texte a créé des protections contre les représailles exercées sur les aviseurs fiscaux. Ces protections incluent notamment un droit à réintégration, des dommages compensatoires et des mesures administratives expéditives avec le droit de porter l'affaire devant une cour fédérale pour un procès devant un jury.

Dans un deuxième temps, le *Taxpayer First Act* a mis en place une procédure de dialogue durant toute l'enquête entre l'IRS et le lanceur d'alerte. L'administration fiscale américaine a désormais l'obligation de notifier par écrit l'admission de la demande d'un lanceur d'alerte, si bien que celui-ci ne reste jamais dans l'incertitude comme en France de savoir si oui ou non son alerte a été reçue.

En outre, l'IRS doit avertir le lanceur d'alerte lorsque le fraudeur a fini par régulariser sa situation grâce à son initiative – contrairement à la France où on lui oppose systématiquement le secret des procédures fiscales, ce qui l'empêche de savoir ce qu'il est advenu de son alerte, et donc de sa contribution à l'intérêt général.

En conclusion, si les lanceurs d'alerte américains sont protégés dans le secteur privé – qu'il s'agisse d'alerte sur des malversations dans des sociétés cotées ou dans le domaine de la fraude fiscale –, il en est autrement dans le secteur public.

Le secteur public américain

Il y a effectivement une vraie différence entre les lanceurs d'alerte du privé et ceux qui révèlent des faits intervenus dans la fonction publique, où la protection et l'indemnisation sont inexistantes. Il est surprenant de voir la différence de traitement dont ils font l'objet, alors que la défense de l'intérêt général est identique. Cela témoigne de l'hypocrisie des textes en vigueur et de l'inertie de l'État américain, semblable ici à celle de l'État français.

La pierre angulaire du droit des lanceurs d'alerte aux États-Unis réside dans le *False Claims Act* de 1863, promulgué à l'initiative du président

Lincoln pendant la guerre de Sécession, récompensant ceux qui prenaient le risque d'informer le gouvernement, et qui contribuaient de cette manière à la victoire.

Le *Lloyd-La Follette Act* de 1912, autorise quant à lui un employé fédéral travaillant au sein d'agences gouvernementales à communiquer aux parlementaires du Congrès des faits dommageables à l'intérêt général dont il s'estime être le témoin. Les membres du Congrès ont alors la charge théorique de faire la lumière sur cette alerte et de prévoir des mesures de réintégration au sein d'une autre agence gouvernementale.

La protection, toujours théorique, du fonctionnaire lanceur d'alerte se poursuit sur le papier. Et seulement sur le papier.

Depuis le scandale du Watergate, l'opinion américaine attend plus de transparence de ses dirigeants. Le *Civil Service Reform Act* est alors voté en 1978. Il a entre autres pour objectif de protéger de toute mesure de représailles un lanceur d'alerte travaillant au sein d'une agence gouvernementale.

Dernière réforme en date pour les employés du secteur public, le *Whistleblower Protection Act*, ou WPA, promulgué en 1989 en vue de protéger chaque employé fédéral qui dénoncerait des faits illégaux, de corruption ou d'abus du gouvernement. Pour autant, ce texte a été rédigé de manière suffisamment ambiguë pour ne pas couvrir un champ trop large. Par exemple, les sommes colossales déployées lors de la campagne présidentielle aux États-Unis ne peuvent pas faire l'objet d'un lancement d'alerte par un employé.

Autre incohérence : en 2006, la jurisprudence de la *Supreme Court* est venue contredire ce texte de 1989 dans son arrêt *Garcetti contre Ceballos*. La Cour juge que les fonctionnaires fédéraux américains ne jouissent d'aucune protection contre les représailles de leur employeur conformément au Premier amendement de la Constitution des États-Unis lorsqu'ils s'expriment dans le cadre de leurs fonctions officielles.

Là réside le paradoxe américain : les textes laissent croire à une protection, mais dans la pratique le lanceur d'alerte demeure la première victime de son initiative. L'exemple d'Edward Snowden en témoigne. Il aurait dû être protégé par tous ces textes, mais c'était oublier une dernière loi spécifique au domaine du renseignement : l'*Intelligence Community Whistleblower Protection Act*, ou ICWPA, de 1998.

Le cas de Snowden reste le plus célèbre des lanceurs d'alerte. Par l'envergure de ses révélations et la voie empruntée pour le faire. Cet informaticien de la NSA a révélé en 2013 la mise en place d'un système de surveillance de masse, exploité contre les citoyens américains par l'État lui-même.

Si l'ICWPA permet aux membres des agences de renseignement de divulguer des informations, Edward Snowden n'a pu y prétendre. Certes cet ICWPA permet de révéler au Congrès des plaintes ou informations dans le cas où il s'agit d'un « problème urgent ». Mais pour correspondre à la définition de ce « problème urgent », il faut qu'il s'agisse :

– D'un problème sérieux ou flagrant, d'un abus, d'une violation de la loi, d'un décret ou d'une défaillance relative au financement de l'administration ou aux opérations des activités de renseignement impliquant des informations classifiées.

– De fausses affirmations énoncées devant le Congrès concernant des faits matériels relatifs au financement de l'administration ou des opérations des activités de renseignement.

– D'une action constituant des mesures de représailles ou des menaces de représailles en réponse au signalement d'un employé concernant un « problème urgent ».

Autrement dit, le texte est mal rédigé, et le lanceur d'alerte se mord la queue !

Qui plus est, pour prétendre au statut de lanceur d'alerte sous cette loi relative aux informations classifiées, il faut se soumettre à une procédure spécifique, c'est-à-dire soit s'adresser à l'inspecteur général et à la Direction du renseignement, soit directement au Congrès. Ce qui, vous en conviendrez, est impossible dans le premier cas – l'administration ne va pas couper la branche sur laquelle elle est assise ; dans le cas de Snowden révélant l'espionnage de ses concitoyens –, et n'est pas plus aisé dans le second cas – le Congrès étant un organe démocratique et donc public où la moindre initiative fait tout de suite beaucoup de bruit.

L'exemple d'Edward Snowden est donc éloquent sur ce point. Il témoigne du curieux dysfonctionnement de la loi quand il s'agit de protéger un lanceur d'alerte révélant des informations allant contre l'intérêt de l'État, contre l'image de l'État.

En tout état de cause, selon l'administration, Snowden tombe aussi aujourd'hui sous le coup de l'*Espionage Act* de 1917. Souvenez-vous, cette loi adoptée durant la Seconde Guerre mondiale et entrée en vigueur dans le but de punir les agents qui divulguaient des informations concernant la défense nationale à une personne « non habilitée à en connaître », comme on dit dans le milieu. Plus précisément, il est poursuivi pour trois chefs d'accusation issus de cet *Espionage Act*. Il est d'abord accusé de vol, puis d'avoir communiqué des informations relatives à la défense nationale et qui plus est à une personne non autorisée. Le cumul de ces trois charges lui fait encourir une peine pouvant aller jusqu'à trente ans de prison.

Une précision encore : contrairement à ce qui a été soutenu de façon péremptoire par le gouvernement américain pour décrédibiliser Snowden, ce dernier n'a jamais partagé aucune information mettant par exemple en jeu la vie des agents américains infiltrés dans le reste du monde. Snowden n'a jamais trahi son pays en révélant des informations confidentielles qui auraient pu mettre en cause des stratégies politiques ou diplomatiques auxquelles il avait accès. Il a précisément fait le tri entre les informations d'intérêt public qu'il dénonce, et relatives aux métadonnées, et celles absolument confidentielles regardant la sécurité de l'État, portant sur l'intérêt supérieur de la nation, auquel il croit plus que tout.

C'est l'État américain qui s'est servi de cet argument, habile certes – certains y croient encore –, mais faux, et exploité tendancieusement à grand renfort d'agences de communication pour manipuler les foules. Et je mets quiconque au défi de m'indiquer le ou les secrets qu'aurait révélé(s) Snowden pour le qualifier de traître aujourd'hui, hormis ceux relatifs à l'exploitation de nos métadonnées – qui sont d'intérêt général.

Ce paradoxe de la politique américaine concernant le big data a resurgi récemment, lorsque la très populaire application mobile chinoise de partage de vidéo, *TikTok*, faisait l'objet de sa vente. Le président Trump a alors imposé, par le chantage, soit de bannir l'application aux États-Unis – arguant que la Chine exploiterait sur son territoire les données des usagers américains –, soit de la vendre à une entreprise américaine, en l'occurrence Microsoft.

Comment défendre l'interdiction sur le territoire américain de l'exploitation de ces données par son concurrent chinois, mais d'autoriser que cela soit fait aux États-Unis ? Comment ne pas reconnaître implicitement interdire ailleurs ce que l'on est prêt à tolérer chez soi ? Comment ne pas entendre par là que le gouvernement américain exploite toujours et encore les métadonnées issues des réseaux sociaux ?

Un autre fait étonnant vient illustrer cette ambiguïté américaine. Après avoir promis une peine exemplaire à Snowden, durant sa première campagne présidentielle, Trump s'est finalement engagé, à la veille de sa seconde campagne, à « examiner sérieusement » sa grâce. Comme si, au fil des années, il avait fini par entendre le soutien de l'opinion publique à la cause des lanceurs d'alerte et souhaitait gagner cet électorat…

Snowden n'est pas le seul à avoir été traité comme un délateur. Parmi les lanceurs d'alerte du secteur public, il y a aussi Julian Assange et Chelsea Manning avec leurs *Wikileaks*, au sort toujours incertain à l'heure où j'écris ces lignes, malgré leur contribution à l'intérêt général. Sans oublier également Aaron Swartz.

Après avoir séjourné de 2012 à 2019 à l'ambassade équatorienne de Londres, Julian Assange vient d'être fixé sur son extradition vers les États-Unis, où il encourait, selon l'*Espionage Act*, cent soixante-quinze ans de prison. Elle a heureusement été refusée au motif d'un état de santé déplorable. Notez qu'il aurait été plus courageux, et plus juste, pour le juge anglais d'invoquer la liberté d'expression. Bref.

Chelsea Manning – qui, elle, n'a jamais fui les États-Unis – a de son côté été condamnée le 21 août 2013 par la cour martiale à trente-cinq années de prison pour espionnage. Sous la pression de l'opinion, et l'évidence de son statut de lanceur d'alerte, Barack Obama a décidé de commuer sa peine en la réduisant de près de trente ans le 17 janvier 2017, soit près de l'intégralité une fois déduit ce qu'elle avait déjà purgé. Refusant néanmoins toujours de témoigner contre *Wikileaks*, elle a été jugée coupable d'outrage à la justice, et de nouveau détenue pour une durée de deux mois. Après avoir tenté de mettre fin à ses jours, elle est définitivement libérée, le 12 mars 2020.

Aaron Swartz, quant à lui, est mort de son alerte.

IV.

L'ambivalence de la France

La France a longtemps accusé du retard en matière de protection des lanceurs d'alerte, notamment par rapport aux États-Unis. Et pour cause, alors que là-bas les lanceurs d'alerte sont vus comme des héros, la France demeure beaucoup plus circonspecte face à la pratique du signalement qui, pour des raisons sans doute historiques, reste trop souvent assimilée au mot « collabo ».

Le terme de lanceur d'alerte est employé de façon très large dans l'opinion. Il y a d'abord quatre types de lanceurs d'alerte, ce qui sème le trouble dans l'esprit du public :

– le lanceur d'alerte en tant que tel,
– l'aviseur fiscal,
– l'informateur des douanes,
– l'indic de police.

Toutes définies par la loi, ces quatre catégories de lanceur d'alerte laissent penser que tous sont protégés de la même façon.

Il n'en est rien. L'ambivalence de la France s'explique par un pouvoir politique qui veille progressivement, mais très mollement, à ménager à la fois les intérêts des lanceurs d'alerte, ainsi que ceux de leurs détracteurs, au détriment des textes votés qui restent sans effet. Au mépris du bon sens et de l'intérêt général, les décideurs font ainsi croire à une protection, persistant dans leur politique d'affichage, mais ne donnent aucune vie aux dispositifs.

La protection du lanceur d'alerte a d'abord existé très modestement à l'article 40 du Code de procédure pénale. Néanmoins fondateur – cet article fait écho au système du sycophante de l'Antiquité grecque –, il ne s'applique qu'aux seules personnes entrant dans une des trois catégories suivantes : une « autorité constituée », un « officier public », ou un « fonctionnaire ». C'est-à-dire qu'il limite, voire rend impossible, la protection d'une alerte dans le cadre de relations professionnelles entre un salarié et une société privée.

Il faut en effet comprendre qu'encore en 2005 l'écho fait au lanceur d'alerte dans les institutions était toujours très mauvais. En témoigne la CNIL qui voit dans les alertes « un système organisé de délation professionnelle[1] ».

Pourtant, à peu près au même moment, on crée des textes censés les protéger ! De 2007 à 2015, se sont ainsi succédé au moins six lois ayant pour objet de protéger les lanceurs d'alerte signalant des risques graves en matière de corruption (2007, en application des Conventions civiles et pénales de lutte contre la corruption du Conseil de l'Europe), de santé publique (2011, sous l'influence du scandale Mediator et d'Irène Frachon), d'environnement (2013), de conflits d'intérêts (2013), de fraude fiscale (2013) et de renseignement (2015, sous l'influence de l'affaire Snowden).

Mais attention ! Si l'on pense que, malgré une certaine méfiance, les lanceurs d'alerte sont protégés par ces textes, et que l'on peut donc se réjouir de ces garde-fous, ce n'est pas le cas. Reprenons dans l'ordre ces six lois, six vernis successifs.

1. CNIL, délib. n° 2005-110, 26 mai 2005.

La loi de 2007 ne prévoit que la révélation de faits de corruption. Autrement dit, un salarié témoin de malversations, de blanchiment ou de fraude fiscale par exemple n'est toujours pas protégé s'il alerte.

Le texte de 2011, concernant la santé publique, ne prévoit de protection qu'en cas de révélation de faits relatifs à la sécurité sanitaire de certains produits, et non en cas de licenciement du lanceur d'alerte. Il n'y a donc aucune prise en compte du risque de licenciement.

Dans la loi de 2013 dédiée à l'environnement, là encore, le lanceur d'alerte ne peut bénéficier de protection en cas de licenciement. Notons que cette loi est moins protectrice que lorsqu'il s'agit d'alertes touchant à la probité et revêtant un caractère financier comme dans les cas de corruption, de conflit d'intérêts ou de fraude fiscale figurant dans des lois votées exactement la même année. Où est la cohérence ?

Enfin, dans le texte de 2015 touchant au renseignement, les lanceurs d'alerte sont visiblement mieux protégés, même si, faute de Snowden français, aucun exemple concret ne vient le prouver… En effet, à ce jour, personne n'a pu témoigner que cela fonctionne. Allez comprendre pourquoi, alors que les États-Unis poursuivent toujours Snowden pour l'emprisonner, des pays « amis » comme la France se servent au contraire de cette affaire outre-Atlantique pour protéger ce type de lanceur d'alerte sur leur territoire.

Ce millefeuille législatif, dénué de toute utilité pratique, n'empêche donc en rien le licenciement qui suit de façon quasi systématique une alerte, quitte à ce que l'employeur soit sanctionné par les tribunaux. C'est d'ailleurs dans ce sens que le Conseil d'État[1] a constaté que ces textes divers et incomplets n'assuraient pas de protection aux lanceurs d'alerte, et restaient imprécis sur la mise en œuvre et le traitement des alertes de façon générale.

En fin de compte, ce sont les juges de tout l'hexagone qui sont venus à la rescousse des lanceurs d'alerte. Ils leur ont apporté, au cas par cas, leur soutien, sanctionnant leurs licenciements, et accordant quelques dommages-intérêts.

1. Conseil d'État, Le droit d'alerte, signaler, traiter, protéger : http://www.conseil-etat.fr/Actualites/Communiques/Le-droit-d-alerte-signaler-traiter-proteger

La France est parfois qualifiée de « République des juges », ce qui signifie que les juges disposeraient d'un trop grand pouvoir d'interprétation, et que celui-ci devrait plutôt être confié aux élus, supposés plus légitimes. Force est pourtant de constater que les magistrats sont souvent venus pallier l'inertie politique et législative, et la jurisprudence a permis de protéger les lanceurs d'alerte, ce qui est une bonne chose.

Comme pour les lois prises par secteur d'activité (corruption, santé publique, environnement, etc.), là encore les juges européens ont donné le ton aux juges français.

En 2008, la Cour européenne des droits de l'homme a considéré, à plusieurs reprises, qu'un salarié ayant signalé des actes illicites n'a fait qu'user de sa liberté d'expression, et ne pouvait donc être sanctionné. C'est d'ailleurs précisément dans ce sens que, dix ans plus tard, la justice luxembourgeoise[1] a ramené la peine d'Antoine Deltour dans l'affaire des *Luxleaks* de douze à six mois de prison en appel, avant qu'elle soit

1. Cour de cassation du Grand-Duché de Luxembourg, 11 janvier 2018, n° 3912.

définitivement annulée en 2018 par la Cour de cassation du Grand-Duché. Entre-temps, Deltour s'est vu décerner en 2015 le Prix du citoyen européen.

Sous l'influence de ces décisions européennes, les magistrats français s'efforcent de garantir une plus grande protection du salarié. Ainsi, pour la première fois en 2013, les juges de la Cour de cassation[1] admettent la nullité d'un licenciement ou « de toute autre mesure de rétorsion portant atteinte à une liberté fondamentale du salarié ». En 2016, un arrêt très important de la juridiction suprême[2] donne encore raison à un salarié engagé en qualité de DAF[3], licencié à tort pour faute lourde après avoir dénoncé les agissements d'un membre du conseil d'administration, susceptibles de constituer une escroquerie ou un détournement de fonds publics.

Cette cohérence de la jurisprudence dans tous les secteurs est à saluer, même si c'est davantage le discernement et le courage des juges qui ont permis de protéger les lanceurs d'alerte du public

1. Cour de cassation, Chambre sociale, 6 février 2013, n° 11-11.740.
2. Cour de cassation, Chambre sociale, 30 juin 2016, n° 15-10.557.
3. Directeur administratif et financier.

et du privé, que le pouvoir politique ou législatif. C'est donc grâce aux juges qui ont parfois dépassé leurs choix politiques pour se hisser au niveau de l'intérêt général et du sens de l'État que le statut des lanceurs d'alerte a pu évoluer en France. C'est encore grâce aux juges – et finalement à un pouvoir politique contraint de reconnaître un vide juridique en matière de protection des lanceurs d'alerte – que la loi Sapin 2 propose quelques mois plus tard une définition du « lanceur d'alerte ».

Le lanceur d'alerte de la loi Sapin 2

La loi Sapin 2 de 2016[1], très attendue, a été perçue comme une avancée pour l'opinion. Et il y avait des raisons d'y croire car cette loi portait des articles majeurs. Elle définissait enfin le lanceur d'alerte et offrait un cadre juridique inédit à l'alerte, notamment par un allégement de la charge de la preuve[2], une irresponsabilité pénale

1. Loi n° 2016-1691 du 9 décembre 2016 relative à la transparence, à la lutte contre la corruption et à la modernisation de la vie économique.
2. C'est-à-dire en laissant tout moyen à disposition du lanceur pour prouver la véracité de son alerte, ainsi que nous le verrons un peu plus loin.

et une garantie de confidentialité et d'anonymat. Tout le monde y a donc naïvement cru : l'opinion, les lanceurs d'alerte, les magistrats et les avocats.

Hélas, quelques années plus tard, c'est la désillusion. La loi n'a pas vraiment changé le cours des choses : dans la pratique, les lanceurs d'alerte ne sont toujours pas protégés.

Les grandes avancées de la loi Sapin 2

Première avancée : la loi Sapin 2 donne enfin une définition au lanceur d'alerte, alors que les premiers étaient apparus en France depuis au moins vingt ans. Un peu comme lorsqu'il a fallu attendre 2015 pour que le Code civil reconnaisse qu'un animal était un « être vivant doué de sensibilité » (article 515-14). Eh bien, avant 2016, en droit, les lanceurs d'alerte n'existaient pas. Tout comme pour la cause animale, il arrive donc que le droit, que la justice soient totalement en retard sur l'évolution de la société et des droits humains.

En théorie, il ne fait plus de doute que le lanceur d'alerte n'est pas un délateur : il est désormais officiellement, formellement, institutionnellement protégé par le droit.

Toutefois, pour être lanceur d'alerte, et donc protégé par la loi, trois conditions sont à respecter :

Il faut agir de manière désintéressée ; ce qui exclut toute idée de vengeance ou de profit personnel.

Il faut être de bonne foi, c'est-à-dire croire raisonnablement dans la véracité des faits signalés.

Il faut avoir eu personnellement connaissance des faits. Autrement dit, être la source de l'information ; ce qui écarte la possibilité de rapporter des faits d'un individu inconnu ou préférant rester anonyme.

Une fois cette définition donnée, la *deuxième grande avancée* de la loi Sapin 2 est qu'elle interdit toutes représailles à l'encontre du lanceur d'alerte, comme le licenciement, la mise à l'écart d'une procédure de recrutement (en général après son alerte, lorsqu'il a quitté son premier employeur), ou la suppression d'une promotion.

Troisième grande avancée : la loi Sapin 2 prévoit aussi un allègement de la charge de la preuve.

En général, quand on alerte, il faut absolument une preuve pour être cru. C'est ce que l'on appelle en droit « l'administration de la preuve », ou « la charge de la preuve ».

En théorie, en droit pénal, la preuve est libre : il n'y a aucune limite au mode de preuve pour démontrer une infraction ; la question étant plutôt de savoir si la preuve a été obtenue loyalement ou non.

Une jurisprudence de la Cour de cassation rappelle en effet la liberté de la preuve absolue en matière pénale. Il n'est pas impossible que vous reconnaissiez les agissements d'un majordome qui avait placé des magnétophones au domicile d'une dame âgée pour laquelle il travaillait, afin de la protéger d'un entourage plus ou moins scrupuleux. L'affaire avait éclaboussé toute la classe politique de l'époque. La Cour de cassation avait été saisie par la défense, réclamant d'écarter l'enregistrement vocal au prétexte que le moyen de preuve ne serait pas légal. En vain, puisque le juge suprême a donné raison à l'exploitation de ces enregistrements en justice[1].

Cette liberté de la preuve au pénal est dans la droite ligne de la liberté d'expression, et plus

1. Cour de cassation, Chambre criminelle, 31 janvier 2012, n° 11-85.464.

largement de l'article 11[1] de la Déclaration des droits de l'homme et du citoyen.

Or, en droit civil, devant un Conseil de prud'hommes ou un Tribunal de commerce, cette preuve se doit d'être obtenue loyalement. Elle ne doit pas être obtenue en portant atteinte aux droits de la personne (par la violence, par exemple) ou à la vie privée (à son insu). Et c'est là que le bât blesse pour nos lanceurs d'alerte.

En pratique, l'administration de la preuve par nos lanceurs d'alerte est donc rarement possible. Et l'on imagine aisément qu'elle est inenvisageable quand il s'agit de son patron, ou lorsqu'il y a un lien de subordination quelconque. Le lanceur d'alerte se trouve donc en difficulté pour recueillir en toute légalité des preuves pour étayer son alerte, car celles-ci émanent le plus souvent d'écrits qui ne lui appartiennent pas, mais sont la propriété de tiers, notamment de la société ou de ses clients. Ces documents sont donc généralement couverts par une clause de confidentialité, par le secret des affaires, ou des impératifs d'ordre privé avec le secret des correspondances.

---

1. Consacré à la liberté de communication des pensées et des opinions.

L'allègement de la charge de la preuve prévu par la loi Sapin 2 signifie donc que, pour la première fois, les tribunaux ne cherchent pas à savoir comment le lanceur d'alerte a obtenu les preuves à l'origine de son signalement. Le Conseil de prud'hommes peut désormais présumer du bien-fondé de l'action judiciaire du salarié qui conteste son licenciement, même si les preuves étayant son alerte ont été obtenues à la limite de la légalité. C'est donc à l'employeur d'apporter la preuve que le licenciement est intervenu indépendamment de l'alerte.

En écho à l'allègement de la charge de la preuve, la *quatrième avancée* de la loi Sapin 2 rend plus intelligible l'irresponsabilité pénale du lanceur d'alerte qui craint d'avoir violé un secret protégé par la loi. Si la divulgation est nécessaire et proportionnée à la sauvegarde de l'intérêt général, aucune représaille n'est plus à craindre de ce côté-là. Les procédures bâillon[1] ne sont dès lors plus possibles – en tout cas en principe. Cette irresponsabilité pénale protège donc le lanceur

1. Poursuites systématiques visant à faire pression, à fragiliser financièrement, à isoler tout journaliste, lanceur d'alerte ou organisation mettant en lumière les activités et pratiques contestables de grandes entreprises privées.

d'alerte en cas de violation de la confidentialité de son contrat, exception faite des trois secrets absolus que sont le secret-défense, le secret médical et le secret professionnel entre un avocat et son client.

Par conséquent, selon cette avancée, le lanceur d'alerte, tenu au secret bancaire professionnel, ne doit pas pouvoir être poursuivi et condamné pour violation de ce secret, au risque qu'il se taise définitivement – et qu'il n'y ait plus de lanceurs d'alerte. À la différence des secrets dits absolus, le secret bancaire reste donc conciliable avec le droit d'alerter (en tout cas en France, contrairement à la Suisse). Il en est de même en cas de violation du secret des affaires.

Cinquième et dernière avancée de la loi Sapin 2, elle garantit formellement la confidentialité et l'anonymat – du moins en théorie – du lanceur d'alerte, sauf accord contraire de ce dernier qui souhaiterait clamer son identité pour une raison ou pour une autre[1]. C'est-à-dire qu'en principe

1. Irène Frachon et Edward Snowden ont tiré force et légitimité de leur alerte en y associant leur nom : l'une exerçait au CHU de Brest à l'origine d'une étude sur les effets néfastes du Mediator, l'autre était un informaticien de la NSA.

personne d'autre que l'autorité judiciaire – le juge d'instruction, et éventuellement son greffier – n'est au courant de l'identité du lanceur d'alerte. Le non-respect de la confidentialité posée par la loi expose l'auteur de la divulgation à une peine pouvant aller jusqu'à deux ans d'emprisonnement et 30 000 euros d'amende. C'est a priori une autre bonne nouvelle pour la protection du lanceur d'alerte.

Sur le papier, ces cinq avancées sont donc des progrès inédits et majeurs. Mais en pratique, lorsque le lanceur d'alerte tente d'être protégé pour défendre certains droits fondamentaux, dans l'intérêt général, il n'y a plus personne. Le lanceur d'alerte est alors la première victime de sa propre alerte, car dans un retournement de situation dont seul est capable le législateur, il peut être lui-même mis en cause.

C'est donc clairement en essayant d'appliquer ce qui était écrit dans la loi, de donner vie à la protection promise, que j'ai compris que la réalité était tout autre.

Les limites et les dangers de la loi Sapin 2

Une fois le lanceur d'alerte défini, la loi Sapin 2 impose une procédure en trois paliers :

1. Prévenir sa direction.
2. À défaut de réponse de sa direction, prévenir l'autorité judiciaire.
3. À défaut de réponse de l'autorité judiciaire, prévenir l'opinion publique.

À l'évidence, le premier palier est l'obstacle majeur à la protection du lanceur d'alerte.

Prévenir sa direction

Lorsqu'un salarié souhaite faire un signalement, la loi Sapin 2 lui impose, sauf urgence, d'en référer au préalable à son supérieur hiérarchique, ou un à « référent ».

Le supérieur hiérarchique : Si un employé s'aperçoit par exemple qu'il y a malversation, ou qu'il y a un doute sur l'origine d'une opération de la société pour laquelle il travaille, il a l'obligation, sauf urgence, de prévenir sa direction, faute de quoi toute protection en tant que lanceur d'alerte lui sera refusée.

Prenons un exemple : imaginons un employé témoin d'un trafic quelconque de son patron.

Eh bien, la loi Sapin 2 lui impose de dénoncer son patron… à son patron… ou à un subalterne de son patron. C'est évidemment aussi absurde que dangereux. Cela vient réduire à néant toutes les avancées de la loi, précédemment évoquées : l'interdiction des représailles, l'allègement de la charge de la preuve, l'irresponsabilité pénale en cas de violation de la clause confidentialité, et l'anonymat.

Le référent : Sans remettre en cause de façon systématique la légitimité du supérieur hiérarchique, le législateur a pensé, peut-être naïvement, que l'autorité hiérarchique pourrait dans certains cas être remplacée par un référent. Mais qu'est-ce qu'un référent ? Un directeur délégué, un directeur adjoint, un proche collaborateur, un individu que le supérieur hiérarchique choisit ? Personne ne sait exactement. En conséquence de quoi, le lanceur ne sait pas qui prévenir. D'autant qu'il est rare que le référent morde la main qui le nourrit, et le plus souvent il n'informe pas immédiatement sa hiérarchie de l'initiative du lanceur d'alerte.

Résultat : ce référent laisse croire au lanceur que son alerte est traitée, alors qu'en réalité la société à l'origine de la fraude organise déjà sa défense. Elle commence souvent par des représailles quasi immédiates : un licenciement, voire des mesures d'intimidation, telles que le vol, la violation de domicile ou le hacking de l'ordinateur personnel pour accéder aux données en sa possession. Et, en général, compte tenu des enjeux en cause, tous les moyens sont permis – nous ne citerons personne, mais certains de ces cabinets privés ultra-spécialisés, et à la réputation entamée, ont même dû changer de nom tant leurs pratiques ont été décriées.

Invités à une conférence à Sciences Po, filmée et retransmise sur Facebook, le 31 janvier 2019, nous avons débattu en présence de Michel Sapin et quelques autres experts de la question, tel le président de *Transparency International*, pour savoir si le pari de la loi avait été gagné deux ans après son adoption, et un an après son entrée en vigueur[1]. Michel Sapin étant là en personne pour animer les débats, cet entre-soi devait rester cordial, m'avait prévenu l'organisateur de l'événement. Je me suis

1. Sciences Po, Paris, Les lanceurs d'alerte : deux ans après la loi Sapin 2, 31 janvier 2019.

donc contenu autant que possible, en tout cas publiquement.

Après l'intervention, hors public et hors caméra, autour d'un buffet créé pour l'occasion au fond de la salle de conférences, je suis donc allé à la rencontre du ministre pour lui poser quelques questions. Tandis que je déroulais de façon sans doute un peu enfiévrée ce que je viens d'écrire sur le premier palier de sa loi, il m'a écouté, imperturbable, avant de conclure qu'il était d'accord, mais que sa loi n'était en vigueur que depuis un an, qu'il fallait être indulgent en attendant qu'elle soit amendée. Pourtant, depuis cet entretien, les années ont passé et aucun aménagement n'est encore intervenu.

D'ailleurs, les avis d'autorités extérieures ne manquent pas sur ce point. Même l'Agence française anticorruption (AFA) avait signalé l'absurdité du premier palier en 2017[1] ! Autrement dit, cette administration française, créée précisément pour lutter contre la fraude, contredit clairement

1. Note Agence française anti-corruption du 4 octobre 2017 : « Il est par ailleurs admis que le signalement doit être directement adressé aux autorités judiciaires, administratives ou aux ordres professionnels, lorsque le lanceur d'alerte met en cause la direction et que le destinataire de l'alerte ne dispose a priori pas de l'indépendance nécessaire pour effectuer les vérifications. »

cette première étape qui permet d'étouffer les alertes en interne. C'est aussi dans ce sens que le Parlement et le Conseil de l'UE ont demandé, par une directive du 23 octobre 2019[1] – qui devrait être transposée en droit interne dans les deux prochaines années –, de laisser au lanceur d'alerte le choix entre la voie interne (le premier palier) ou la voie externe (les deux paliers suivants). Venons-y.

Prévenir l'autorité judiciaire

Conformément à cette procédure en trois paliers, lorsque la personne informée de l'alerte en interne ne donne pas suite dans un délai raisonnable, le lanceur peut adresser son signalement à l'autorité judiciaire (juge d'instruction, parquet national financier), à l'autorité administrative (préfet, inspection du travail, AFA, ARS), ou aux ordres professionnels compétents (ordre des médecins, ordre des avocats, ordre des experts-comptables, par exemple).

Si le législateur n'est pas encore venu préciser ce qu'il entendait par « délai raisonnable »,

1. Directive (UE) 2019/1937 du Parlement européen et du Conseil du 23 octobre 2019 sur la protection des personnes qui signalent des violations du droit de l'Union.

la directive précitée[1] a introduit deux points importants :

– une obligation d'accuser réception de l'alerte dans les sept jours à compter de la réception,

– un délai raisonnable qui ne peut être supérieur à trois mois à compter de l'accusé de réception.

Ces délais de réponse peuvent certes sembler raisonnables, mais dans la pratique il faut imaginer la situation du lanceur d'alerte qui a partagé des informations de premier ordre, systémiques et mettant en cause des dirigeants de sociétés, des clients ou des actionnaires, pouvant engager des représailles à son encontre. Et qui compte les jours avant de savoir s'il bénéficiera d'une protection quelconque. En conséquence, réduire ce délai à quelques semaines, ou au maximum un mois, sur le modèle du système américain, serait fort souhaitable. Malheureusement, on doit encore faire face à la mauvaise volonté de la France à transposer spontanément cette directive dans le délai minimum, préférant plutôt attendre

1. Article 9 de la Directive (UE) 2019/1937 du Parlement européen et du Conseil du 23 octobre 2019 sur la protection des personnes qui signalent des violations du droit de l'Union.

de façon dilatoire l'extrême limite de deux ans avant d'y être contrainte.

Prévenir l'opinion

À défaut de traitement par l'autorité judiciaire dans un délai de trois mois, le lanceur d'alerte est finalement autorisé à rendre son signalement public. À ce jour, c'est ce que la plupart des lanceurs d'alerte ont été contraints de faire, faute de l'entrée en vigueur de la loi Sapin 2 – avant 2018 –, de l'inapplicabilité du premier palier, ou face à l'indifférence des autorités judiciaires, débordées et encore peu sensibilisées à la question des alertes.

En attendant que ces dysfonctionnements soient corrigés, il est primordial que le lanceur d'alerte apporte des preuves du déroulement de ces trois paliers – qu'il puisse notamment fournir des justificatifs et/ou la preuve de rendez-vous pris avec l'employeur, puis avec les autorités. Ces preuves peuvent prendre la forme d'e-mail ou d'envois de lettres recommandées avec AR (on ne le répète jamais assez), afin de témoigner qu'il a bien suivi la procédure légale. Ou alors, dans l'attente d'une évolution favorable de la loi, il peut aussi renoncer à toute alerte, comme je le conseille hélas le plus souvent, faute de protection utile.

Ces trois paliers prouvent bien que la France reste loin derrière les États-Unis en matière de protection, et son ambivalence à faire figurer cette dernière dans la loi la rend dangereuse en pratique. Tant le droit européen, qu'une autorité comme l'AFA, voire le ministre à l'origine même de la loi le confirment. Pourtant, rien n'avance.

Et les dangers de la loi Sapin 2 ne s'arrêtent pas là. Deuxième écueil de cette loi : la notion de « sauf urgence » n'est pas claire.

Selon la loi, lorsque le lanceur d'alerte peut justifier d'une urgence, il y a un cas de figure dans lequel le lanceur d'alerte peut « échapper » au système des trois paliers – et surtout au premier qui est absurde et dangereux. Par « urgence », on entend « danger grave et imminent », ou présence d'un « risque de dommages irréversibles ».

Qu'est-ce qu'un « danger grave et imminent » ou un « risque de dommages irréversibles » ? La loi y répond, mais de façon compliquée et vague. Elle évoque des critères objectifs, appréciés en fonction des circonstances, à savoir des éléments touchant à la fois l'intérêt social (les biens de la société, ou ses affaires) et des tiers ou des collaborateurs dans l'exercice de leurs fonctions (sécurité, santé). Les atteintes à l'intérêt général ne sont pas exclues, comme par exemple les atteintes à l'environnement.

Cette même ambiguïté est entretenue par un décret[1], laissant le soin à l'entreprise de fixer librement en interne la manière dont le lanceur d'alerte adresse son signalement au supérieur hiérarchique : « Chaque organisme détermine l'instrument juridique le mieux à même de répondre à l'obligation d'établir une procédure de recueil des signalements[2]. » Curieusement, cette liberté laissée à l'entreprise ne va jamais dans l'intérêt du lanceur d'alerte.

À la lumière de cette opacité, ou au mieux de cette ambiguïté, on comprend mieux le rôle fondamental des juges qui décideront du caractère d'« urgence » et de « danger grave et imminent », et donc délivreront le statut de lanceur d'alerte en lieu et place de la loi.

1. Acte administratif émanant du pouvoir exécutif.
2. Décret n° 2017-564 du 19 avril 2017.

Troisième aberration de la loi Sapin 2, elle confie la charge d'assurer l'orientation et la protection des lanceurs d'alerte au Défenseur des droits – beaucoup pensent qu'il suffit d'appeler sa « hotline », créée depuis 2008. Si le dévouement des fonctionnaires de cette institution est incontestable, notons dans la pratique une certaine inertie dans le recueil de l'alerte, son délai d'analyse, et surtout le trop grand nombre de personnes informées, ce qui laisse craindre autant de fuites potentielles. En effet, le risque principal dans le cas d'informations sensibles tient au fait que les agents publics ne sont pas tenus à un secret professionnel aussi strict que celui de l'avocat. Celui-ci se limite à un devoir de réserve et à une obligation de discrétion issus de leur contrat. Il est donc bien moins contraignant. L'institution n'hésite d'ailleurs pas à renvoyer le lanceur d'alerte à un avocat quand les enjeux lui semblent trop importants, pour l'orienter plus précisément, et avec ainsi la garantie du secret professionnel absolu.

Quatrième aberration de la loi Sapin 2 : elle oblige les sociétés de plus de cinquante salariés à se mettre en conformité. Ce qui signifie que l'entreprise est tenue de mettre en place une communication interne (par voie électronique, par affichage ou publication sur son intranet) sur les destinataires du signalement (supérieur hiérarchique ou référent), de même que les modalités des informations ou documents à l'appui du signalement (par voie postale, par lettre recommandée avec AR, par courriel). Cela signifie aussi de prévoir la manière dont l'employeur doit informer l'employé de la réception de son alerte, du délai estimé pour son examen et la façon dont il sera tenu informé des suites données. Cela implique également de prévoir comment garder confidentielle l'identité du lanceur d'alerte et des personnes visées par celle-ci, ainsi que les faits signalés.

Par ailleurs, le recueil des signalements implique la mise en place d'un traitement des données à caractère personnel, notamment au regard de la loi dite Informatique et Libertés[1] et du Règlement général sur la protection des données dit RGPD. Comme le souligne la CNIL[2], il faut par exemple

---

1. Loi n° 78-17 du 6 janvier 1978 relative à l'informatique, aux fichiers et aux libertés.
2. CNIL, délib. n° 2017-191, 22 juin 2017 portant modification de la délibération n° 2005-305 du 8 décembre 2005, article 4, portant

veiller au nombre limité de personnes chargées de traiter les alertes, les former constamment et les astreindre par contrat à une obligation renforcée de confidentialité.

La loi Sapin 2 se révèle donc source de grandes contraintes lorsqu'elle impose à l'entreprise un département consacré à la conformité. Un mammouth susceptible d'engendrer des frais colossaux en pure perte, qui ne participent ni au développement des entreprises ni à la protection effective du lanceur d'alerte – le premier palier étant toujours en vigueur.

Cinquième danger de la loi Sapin 2 : la création de la Convention judiciaire d'intérêt public (CJIP). Cette dernière concerne les personnes ou les sociétés accusées de corruption, de trafic d'influence, de fraude fiscale, de blanchiment de fraude fiscale et de toute infraction connexe. Elle permet de transiger avec le parquet national financier en signant une « transaction », appelée aussi « convention ».

---

autorisation unique de traitements automatisés de données personnelles à caractère personnel mis en œuvre dans le cadre de dispositifs d'alerte professionnelle (AU-004) : JO 25 juil. 2017, texte n° 61 ; rect. JO 26 août 2017, texte n° 64.

La CJIP leur permet de « plaider coupable » ; une pratique inspirée des mécanismes anglo-saxons de transaction pénale. Le procureur de la République peut alors renoncer à la poursuite des mis en cause, sous trois conditions : l'auto-dénonciation, la coopération et les mesures correctrices appropriées.

Les paradoxes de la CJIP

Premier paradoxe : les chiffres. Depuis son entrée en vigueur en 2017, et ses mesures directrices précisées en 2019, dix conventions judiciaires d'intérêt public ont été conclues, et près de 3 milliards d'euros versés[1] en deux ans et dix mois. Si cette avancée paraît louable – il y a effectivement des rentrées d'argent pour l'État –, force est de constater qu'il existe un dispositif beaucoup plus prometteur, et bien plus rapide en termes de recouvrement des deniers publics : protéger les lanceurs d'alerte. Il n'est pas sérieux dans un même texte de loi (Sapin 2), d'encourager d'un côté les fraudeurs à la négociation de leurs amendes (donc pour 3 milliards en deux

1. Dont 2 milliards par Airbus au trésor public français, après avoir reconnu les faits, collaboré étroitement avec l'autorité judiciaire, mis en vigueur un programme de conformité, et indemnisé les victimes.

ans et dix mois), et de décourager de l'autre les lanceurs d'alerte au partage d'informations – et ce en dépit d'un potentiel de recouvrement beaucoup plus important[1].

Deuxième paradoxe : pourquoi la loi Sapin 2 encourage le fraudeur à transiger par la CJIP, mais n'incite pas le lanceur à alerter en l'indemnisant ?

Troisième paradoxe. Il y a dans la CJIP une idée de transaction pénale qui permet d'éviter d'être confronté aux juges. Qui fixe quoi ? Qui décide quoi ? Qui rend compte à qui ? Imaginons par exemple qu'UBS France transige pour s'éviter un procès. Que reste-t-il du combat mené par le lanceur d'alerte, qui accessoirement a tout perdu, si l'entreprise peut s'acheter sa tranquillité judiciaire ?

Je ne plaide pas particulièrement pour la judiciarisation à outrance, je comprends l'impératif de désengorgement des tribunaux. Mais pourquoi proposer dans une loi un début de protection

1. Estimé en dizaines de milliards d'euros (8 à 10 milliards à mon seul cabinet d'avocats).

au lanceur d'alerte, si c'est pour l'anéantir par une transaction autorisée dans le même texte ?

La loi Sapin 2 permet donc à une entreprise qui se sait en infraction avec la loi de négocier sa peine. Elle peut évidemment le faire de bonne foi, du fait d'une révélation sincère suite, par exemple, à un audit interne témoignant de dérives d'une équipe dirigeante autrefois en place, mais aussi de moins bonne foi lorsque c'est à l'initiative d'une alerte interne d'un lanceur. Tout en étouffant cette alerte tant qu'elle le peut, grâce au premier palier, l'entreprise peut profiter de ce mécanisme pour paraître sincère et négocier son amende à la baisse. Et éventuellement acheter le silence du lanceur d'alerte par une généreuse rupture conventionnelle, ou en menaçant les incorruptibles de procédures bâillon.

Toute l'ambiguïté de la France dans la protection des lanceurs d'alerte tient donc au fait d'avoir défini et institutionnalisé le lanceur d'alerte, dans l'objectif de le protéger, mais de prévoir dans le même texte de loi une alternative aux poursuites judiciaires des entreprises, et donc leur impunité pénale.

En n'assurant donc pas clairement de protection effective aux lanceurs d'alerte, on pourrait penser que la France les considère toujours comme des délateurs.

Le lanceur d'alerte du fisc

Ce lanceur d'alerte est aussi appelé « aviseur fiscal ».

Une partie de l'opinion le considère comme le délateur privilégié, puisque, dans certains cas, il peut bénéficier d'une indemnisation à hauteur des sommes qu'il permet à l'État de recouvrer. À ce titre, il est celui qui contribuerait le plus à l'intérêt général en termes de recouvrement de fonds éludés s'il était effectivement protégé. Toute l'ambivalence de la France sur les lanceurs d'alerte réside là.

L'aviseur fiscal se définit comme toute personne étrangère aux administrations publiques qui, en ayant fourni des renseignements, a amené à la découverte de manquements aux règles fiscales internationales ou de manquements aux obligations déclaratives. En retour une indemnisation serait envisageable.

Le statut d'aviseur fiscal existe depuis à peu près cinquante ans. Il est né d'une note ultra-confidentielle du ministère de l'Économie quand ce dernier était encore au Louvre. Les conditions de ce statut étaient alors opaques et fondées sur des bases juridiques incertaines, car officiellement inscrites nulle part. Le dispositif visait en réalité à donner un début de base légale aux poursuites consécutives aux dizaines de lettres de dénonciation reçues quotidiennement par le ministère.

Alors que le seul geste sérieux et républicain aurait été d'envoyer ces missives abjectes à la poubelle, ce dispositif des aviseurs fiscaux a fait l'objet de va-et-vient législatifs. Il a d'abord été institué le 8 mai 1973[1], à la suite d'une instruction du directeur général des impôts souhaitant légaliser la pratique de l'indemnisation jusque-là totalement opaque. Puis le statut a été supprimé en 2004 par Nicolas Sarkozy, alors ministre de l'Économie, en raison du faible enjeu fiscal, et d'un écho qui

1. Instruction confidentielle du directeur général des impôts du 8 mai 1973, « Contrôle fiscal. Rémunération des aviseurs ».

renvoyait aux pires périodes de notre histoire. Il a ensuite été réintégré en 2017, « à titre expérimental » et pour une durée de deux ans, sous François Hollande, avant d'être pérennisé l'année suivante, puis introduit définitivement dans le Livre des procédures fiscales en 2020.

Comme pour la loi Sapin 2, c'est a priori une bonne chose : la loi institutionnalise enfin le rôle de l'aviseur fiscal. Le statut d'aviseur fiscal est donc théoriquement applicable à n'importe quel lanceur d'alerte du fisc. Cela pourrait être une excellente nouvelle, sauf que sa rédaction et l'état de sa mise en application ne répondent pas aux chiffres attendus. Pour exemple, un rapport parlementaire[1] rappelle qu'entre 1990 et 2002 l'indemnisation totale des aviseurs fiscaux s'élevait à un peu plus de deux millions d'euros sur douze ans – un chiffre ridicule comparé à ceux des administrations fiscales des États-Unis ou du Royaume-Uni. Par ailleurs, ce même rapport estime qu'entre 2017 et 2019, sur 92 demandes, 50 ont été classées sans suite (22 en 2017,

1. Rapport d'information du 5 juin 2019 présenté par Mme Christine Pirès-Beaune, rapporteuse.

26 en 2018, 2 en 2019), 29 enquêtes sont toujours en cours (22 depuis 2018, 7 en 2019), 13 dossiers ont conduit à un contrôle fiscal (5 en 2017, 8 en 2018), et seuls deux dossiers ont été indemnisés à ce jour. Seuls deux dossiers indemnisés !

Toutes ces données existent bel et bien, et pourtant aucun chiffre précis n'a été rendu public ni au parlement ni à la cour des comptes. Par exemple, les chiffres d'indemnisation par affaire ne sont pas connus, alors qu'ils permettraient de savoir avec précision, comme aux États-Unis, ce que chaque aviseur perçoit. Et à ceux qui brandissent l'impératif de secret de telles informations, rappelons que les fonds accordés à la lutte contre le terrorisme sont tout aussi sensibles, voire davantage, et tout à fait connus de la représentation nationale.

Pourquoi les budgets dédiés à la lutte contre le terrorisme sont-ils officiels, et non ceux des aviseurs fiscaux ?

Un statut qui fonctionne mal

Au-delà des allers-retours législatifs introduisant, puis supprimant l'aviseur fiscal, le public n'a pas été clairement informé de sa dernière réintroduction. La loi de finances de 2017 prévoit en effet, à titre expérimental et pour deux ans, l'indemnisation des aviseurs fiscaux. Passé inaperçu, le décret d'application de la loi de finances pour 2017 [1] renvoie courageusement à un arrêté ministériel[2] qui, tenez-vous bien, autorise l'administration fiscale à indemniser les personnes lui communiquant des informations relatives à une fraude.

Ces interpositions et le caractère expérimental d'une telle pratique ne sont rien d'autre qu'une volonté politique de réintroduire discrètement l'aviseur fiscal – de manière à le pérenniser par la suite, dans l'objectif de rentrées budgétaires – avec l'onctueuse hypocrisie de ne surtout pas trop informer l'opinion de ces méthodes de recouvrement en contradiction avec Sapin 2. Autrement dit, l'administration elle-même présuppose la méfiance de l'opinion concernant ces pratiques, mais décide néanmoins de l'indemniser. Curieuse façon de procéder quand on prétend protéger les lanceurs d'alerte.

1. Décret n° 2017-601 du 21 avril 2017 pris pour l'application de l'article 109 de la loi n° 2016-1917 du 29 décembre 2016 de finances pour 2017.
2. Arrêté du 21 avril 2017 pris pour l'application de l'article 109 de la loi n° 2016-1917 du 29 décembre 2016 de finances pour 2017.

Le double discours du législateur révèle donc une totale contradiction : la « rémunération » des lanceurs d'alerte serait déclarée inconstitutionnelle au titre de la loi Sapin 2 ; mais « l'indemnisation » des informateurs fiscaux serait conforme au titre d'un autre dispositif législatif – alors qu'il s'agit de prendre en charge la même initiative. Quelle tartufferie lexicale !

Certains politiques et quelques parlementaires avancent encore l'argument suivant pour écarter toute prise en charge financière du lanceur d'alerte : « Le Conseil constitutionnel, garant suprême du droit, a tranché » la question – ce qui signifie qu'« on ne peut pas aller contre une telle autorité ».

Mais, à y regarder de plus près[1], on comprend que la seule chose considérée comme inconstitutionnelle dans cette décision demeure la compétence du Défenseur des droits à indemniser : « La mission confiée par les dispositions constitutionnelles précitées au Défenseur des droits de veiller

1. Décision du 8 décembre 2016 relative à la constitutionnalité de la loi Sapin 2, Loi organique n° 2016-1690 du 9 décembre 2016 relative à la compétence du défenseur des droits pour l'orientation et la protection des lanceurs d'alerte.

au respect des droits et libertés ne comporte pas celle d'apporter lui-même une aide financière, qui pourrait s'avérer nécessaire, aux personnes qui peuvent le saisir. »

Autrement dit, non seulement le Conseil constitutionnel considère qu'une indemnisation de l'aviseur « pourrait s'avérer nécessaire », mais en plus il suffirait à une autre autorité de procéder à cette indemnisation, comme par exemple le Parquet national financier (PNF) ou l'Agence française anticorruption (AFA), comme le font justement les bureaux spécialisés de la SEC ou de l'IRS aux États-Unis.

Si cette décision, reposant sur le seul bon sens, n'a toujours pas été prise depuis 2016, il est aisé d'en conclure que le pouvoir politique contourne et méprise en réalité l'avis du Conseil constitutionnel.

Dans un souci de cohérence, il reviendrait donc soit de renoncer définitivement à toute indemnisation des lanceurs d'alerte – mais dans ce cas aussi des aviseurs du fisc –, quitte à renoncer à un recouvrement grandissant ; soit de considérer qu'une indemnisation permettrait de multiplier les initiatives, et qu'il est dans ce cas nécessaire d'indemniser *tous* les lanceurs d'alerte sur une base transparente.

Ce double discours n'est donc plus tenable : l'aviseur fiscal n'est pas une exception remettant en cause les caractéristiques fondamentales du régime des lanceurs d'alerte. Au contraire, comme le lanceur d'alerte, il a exactement la même finalité : défendre l'intérêt général.

Autre imprécision concernant l'aviseur fiscal : son indemnisation dépendrait du gain recouvré par l'État, ce qui fait clairement de lui un individu apprécié pour sa rentabilité, et non comme étranger à un quelconque intérêt financier, comme on essaie de le faire croire pour écarter toute idée de rémunération.

Pour autant, les « *lanceurs d'alerte du fisc* » ne sont pas « *rémunérés* », mais « *indemnisés* ». Autant de subtilités de langage qui ne sont pas sans rappeler que le « *redressement fiscal* » est devenu une « *rectification fiscale* ». Tout comme le mot « *risible* » peut être synonyme d'« *absurde* ». Le français langue vivante ? Ou bien la preuve des fantaisies du gouvernement, et d'un glissement dangereux sur une pente qui fait honte à l'État de droit ?

Cette subtilité langagière permet en tout cas de comprendre comment le législateur autorise l'« indemnisation » de l'aviseur fiscal, mais interdit la « rémunération » du lanceur d'alerte – et permet donc des modalités d'indemnisation très floues.

Sur cette base incertaine, vient s'ajouter le vrai problème de l'indemnisation elle-même.

Une indemnisation limitée et opaque

Entre 2013 et 2018, les sommes recouvrées grâce au contrôle fiscal ont chuté de 22 %, passant de 10 à 7,8 milliards d'euros ; de même qu'en 2018, ces sommes étaient 2,5 moindres qu'en Allemagne, et 2 fois moindres qu'au Royaume-Uni. Ces chiffres sont symptomatiques du manque à gagner de l'État, qui persiste à ne pas encourager les initiatives d'alertes. Et pour cause, l'indemnisation de l'aviseur fiscal est soumise aujourd'hui à un plafond d'un million d'euros par affaire – une somme souvent dérisoire face au risque pris et au montant recouvré par l'État, parfois évaluable en milliards d'euros.

Même si cela peut sembler beaucoup – la plupart d'entre nous ne gagnent pas cela en toute une vie ! –, un million d'euros dans le meilleur des cas ne saurait indemniser le risque encouru, le changement de vie, voire de pays, que l'aviseur fiscal doit parfois envisager jusqu'au restant de ses jours.

Reprenons l'exemple des États-Unis, pays dans lequel le barème instauré permet à l'aviseur fiscal une indemnisation proportionnelle au montant recouvré par l'État, et au risque pris. À la différence des aviseurs fiscaux français, dont la récompense ne peut dépasser le million d'euros, le législateur américain a mis en place un système d'indemnisation qui prévoit une récompense comprise entre 10 % et 30 % des sommes recouvrées par une agence gouvernementale telle que la SEC ou l'IRS[1].

Rappelez-vous, en 2019, la SEC a octroyé une indemnisation de 60 millions de dollars pour huit lanceurs d'alerte, dont 37 millions pour l'un d'entre eux et 13 millions à un autre. En 2012, c'était un record de 104 millions de dollars à un seul et unique d'entre eux pour sa contribution déterminante tout au long de la phase d'enquête.

1. Internal Revenue Code, § 7623, Expenses of detection of underpayments and fraud, etc.

C'est ce secours financier qui est la clé de voûte des révélations des aviseurs. Il permet de faire face au changement de vie, au licenciement, à l'impossibilité de retrouver un emploi, à la nécessité de se défendre en justice face aux procédures bâillon, voire aider à supporter les représailles en tous genres.

Un secours financier clair et transparent permettrait donc de convaincre les aviseurs encore frileux à partager leurs informations. J'ai à traiter, à mon cabinet d'avocat, trois dossiers qui représentent un potentiel de recouvrement entre 8 et 10 milliards d'euros !

Drôle de situation donc pour l'aviseur fiscal : son indemnisation est plafonnée, enfermée pour ainsi dire, à un chiffre rond qui rappelle la loterie, établi à la va-vite par une poignée de députés, qui ont sans doute pensé bien faire. Plutôt que d'avoir été envisagé largement, utilement, comme aux États-Unis, son statut est limité, borné, muselé.

En 2017, Bercy[1] aurait rémunéré pour ses contrôles fiscaux vingt-sept aviseurs, puis moins

1. Selon des chiffres officieux en contradiction avec le rapport d'information du 5 juin 2019.

d'une quinzaine en 2018. En 2017, l'État aurait ainsi été recouvré près de 80 millions d'euros pour un total d'indemnités versées de 2,7 millions d'euros, et en 2018 presque 100 millions d'euros pour un total d'indemnités avoisinant le million d'euros. Autrement dit, des recettes augmentant sans cesse pour l'État, mais diminuant pour ceux qui, pour lui permettre de les recouvrer, prennent tous les risques.

Contrairement au système américain de la SEC ou de l'IRS, personne ne sait combien les aviseurs fiscaux coûtent et rapportent exactement. Curieusement, l'administration fiscale se refuse à communiquer tout chiffre. Le peu révélé par la presse, à la faveur de fuites ou d'interprétations des uns et des autres dans divers rapports parlementaires, est incohérent, voire contradictoire. Et il y a pire. Outre l'absence de chiffres, deux autres carences sont à déplorer dans la protection du lanceur d'alerte du fisc.

Barèmes et transparence

Tout d'abord, l'indemnisation est limitée aux seules révélations de fraude fiscale internationale et de fraude à la TVA (cette dernière ayant été ajoutée voilà peu, fort heureusement). Un certain nombre d'infractions comme le blanchiment, le recel ou l'abus de biens sociaux ne peuvent pas dès lors être révélées aux autorités du simple fait que le statut d'aviseur fiscal ne leur est pas applicable. Il serait donc logique que le champ d'application du texte soit étendu à ces infractions, voire à toutes les infractions représentant un intérêt financier pour les caisses de l'État et donc pour l'intérêt général.

Pire, le droit en vigueur ne prévoit pas l'instauration d'un barème ou d'une grille de rémunération, comme cela existe dans le système américain. Pire encore, l'administration fiscale ne rend compte à personne de ses arbitrages, que ce soit au parlement, ou à la cour des comptes.

Un député a déjà interrogé clairement le ministre du Budget, Gérald Darmanin, à propos du « rôle précis de l'aviseur » au regard de « l'intérêt fiscal pour l'État des informations communiquées », et réclamé la méthode de calcul pour l'indemniser. Il lui a été répondu que *« l'indemnisation des aviseurs fiscaux [...] est proportionnelle à* la qualité *de l'information fournie »* [1].

1. Débat parlementaire du 18 septembre 2018 relatif au projet de loi relatif à la lutte contre la fraude fiscale.

Mais alors comment calculer cette « *proportion* » en l'absence de grille officielle formalisant de quelconques seuils ? Et qu'entend-on par « *qualité* », ou même « *information* » ? S'agit-il d'entendre ces termes comme le ministre les comprend, ou comme les comprennent les services sous sa tutelle, censés les appliquer ? En bref, quelle est l'unité de mesure qu'entend le ministre ? Impossible de savoir. Autrement dit, il est toujours laissé à la discrétion de l'administration la liberté de fixer le montant de l'indemnisation à la tête du client, si tant est qu'elle accepte d'indemniser quelque chose.

En tout état de cause, la réponse du ministre est édifiante puisqu'elle indique que l'indemnisation d'un aviseur fiscal dépend du gain recouvré par l'État, ce qui confirme à nouveau que l'aviseur fiscal est bien apprécié dans une logique économique.

Plus qu'un gage de transparence, l'instauration d'un barème serait source de certitude tant pour l'aviseur (certain d'obtenir une indemnisation proportionnelle au risque pris) que pour l'État (certain de recouvrer des sommes considérables). L'administration des Finances invente des barèmes, des plafonnements, des catégories, des conditions de ressources à tout va, et de façon tellement inépuisable qu'elle est capable de vider un projet de son contenu en deux temps trois mouvements. Et pourtant cette même administration se révèle incapable de rédiger un barème unique pour le lanceur d'alerte du fisc.

Pourquoi ?

Peut-être, comme le résume sans langue de bois un ancien ministre de l'Économie, Jean Arthuis : « En somme, nous refusons de payer pour obtenir des renseignements, mais si un autre État paie ces renseignements et nous en fait profiter gratuitement, cela nous va... » Et pour cause, « l'autre État » c'est en général les États-Unis, où un barème d'indemnisation existe.

Les États-Unis sont ainsi les premiers à profiter des informations de nos propres ressortissants, et la France doit se contenter de ce qu'on veut bien lui donner une fois que les Américains se sont servis.

Notons aussi que le défaut de transparence de l'indemnisation est exacerbé par le fait qu'il est toujours laissé à la discrétion de l'administration en la personne de deux fonctionnaires :

le directeur général des finances publiques, sur proposition du directeur de la DNEF. Et, arbitraire oblige, la décision de ces deux personnages est sans recours.

Le rapport de Mme Pirès-Beaune, députée en charge du rapport d'information parlementaire sur les aviseurs fiscaux de juin 2019, a au moins eu le mérite de prévoir six propositions pour améliorer les règles en vigueur du statut d'aviseur fiscal. Parmi les plus importantes, celles répondant aux faiblesses d'alors :

– Étendre le champ des manquements aux opérations portant sur la TVA, dont la fraude est estimée entre 10,7 et 16,6 milliards d'euros par an (cela a été fait).

– Supprimer le plafond d'un million d'euros applicable à l'indemnité, ce dernier limitant l'attractivité du dispositif (cela n'a pas été fait).

En outre, mais cela ne figure pas au rapport, il est déterminant d'instaurer un barème obligeant l'administration à ne plus fixer discrétionnairement l'indemnisation, et de rendre compte devant les représentants du peuple du montant des sommes entrant dans les caisses de l'État par rapport à l'indemnisation des aviseurs.

En dépit d'un accueil favorable du gouvernement, et d'un soutien unanime des parlementaires devant les premiers résultats encourageants du dispositif (180 millions d'euros dans les caisses de l'État en deux ans), aucune de ces propositions n'est pour autant reprise dans le Projet de loi de finances à venir.

L'informateur des douanes

En France, l'informateur des douanes a été reconnu vingt ans avant le lanceur d'alerte du fisc – depuis un arrêté de 1957[1]. Il est considéré comme toute personne étrangère aux administrations publiques ayant fourni au service des douanes des renseignements ou avis ayant amené directement ou indirectement à la découverte d'une fraude. À la différence de l'aviseur fiscal qui alerte de façon exclusivement spontanée, il peut

1. Arrêté du 18 avril 1957 portant fixation des modalités d'application de l'article 391 du code des douanes relatif à la répartition des produits des amendes et confiscations.

arriver que ses informations soient fournies à la demande des douanes.

Petite parenthèse. Il est important de bien distinguer l'informateur des douanes de l'indic de police, objet d'une certaine fascination médiatique. Cela permettra de comprendre à quel point l'informateur des douanes s'inscrit aux antipodes du délateur.

L'indicateur de police n'appartient pas aux services de police et de renseignement. Il fournit à ces derniers des informations, bien souvent en échange d'une forme d'impunité, d'un gain financier, d'un service ou encore, d'un éventuel assouplissement de son régime carcéral. D'ailleurs, une loi de 1995[1] énonce précisément que les services de police et de gendarmerie peuvent rétribuer toute personne étrangère aux administrations publiques qui leur a fourni des renseignements ayant amené directement à la découverte de crimes ou de délits, ou à l'identification d'auteurs de crimes ou de délits.

1. Loi n° 95-73 du 21 janvier 1995 d'orientation et de programmation relative à la sécurité, article 15-1.

Donc si les indicateurs de police et informateurs des douanes ont quelques similitudes, dans la plupart des cas, les indicateurs de police sont à la recherche d'un intérêt personnel, que ce soit en termes d'impunité (pour échapper à une peine, la diminuer, ou pour avoir participé aux faits qu'ils dénoncent), tandis que l'informateur des douanes vise l'intérêt général.

Donc si l'indic de police passe souvent pour un infiltré, voire une balance, se faisant rétribuer, l'informateur des douanes, lui, ne doit pas être considéré comme un délateur. Parenthèse refermée.

Les limites de l'indemnisation

Concrètement, la remise d'informations se fait à la Direction nationale du renseignement et des enquêtes douanières (DNRED), qui est elle-même composée de trois directions, parmi lesquelles la Direction des opérations douanières, dite DOD. C'est elle qui nous intéresse ici.

Comme pour les précédents lanceurs d'alerte et aviseurs fiscaux, les informateurs des douanes doivent impérativement formaliser leur remise d'information auprès de la DOD pour obtenir ce statut. Seule cette formalisation permettra leur indemnisation qui sera là encore évaluée en fonction de la qualité des informations données, des sommes recouvrées et du risque pris. Nombreux sont les informateurs des douanes qui, comme les aviseurs fiscaux, et de plus en plus de lanceurs d'alerte, ont agi hors du cadre juridique prévu, et n'ont donc jamais bénéficié d'une indemnisation. Les agents des douanes se gardent d'ailleurs bien d'indiquer à leurs informateurs l'importance de formaliser la remise des informations. Ces informateurs sont généralement ignorants de la loi, et parce qu'ils œuvrent pour l'intérêt général, croient naïvement qu'ils seront pris en charge en retour de leur contribution. Mais il n'en est rien.

Une fois formalisée la remise d'information sans perte et fracas, et le travail des douanes effectué, vient la phase de l'indemnisation. Un indicateur des douanes peut en effet être indemnisé, même en cas d'insuccès partiel d'une opération. Avec toutefois deux limites, et non des moindres :

– Cette rétribution se fait dans la limite de 3 100 euros (une somme dérisoire compte tenu du risque pris), sauf décision contraire du directeur général des douanes. Là encore, un seul fonctionnaire a le pouvoir de déplafonner ce seuil au cas par cas (soit pour une affaire sur dix), lorsque l'information débouche sur un trafic d'envergure ou une grosse confiscation.

– La décision du directeur général des Douanes est sans appel.

L'arbitraire de l'État

Pire que pour l'aviseur fiscal, dont l'indemnisation dépend de deux fonctionnaires – le directeur général des finances publiques sur proposition du directeur de la DNEF, dont la collégialité était déjà contestable –, celle de l'informateur des douanes ne relève que d'un seul.

Le montant de la rétribution proposée est ensuite « fixé de façon discrétionnaire et ne peut faire l'objet d'aucun recours » comme l'indique l'arrêté[1] en vigueur, et ce montant est calculé selon un barème fluctuant et confidentiel – que le parlement et la cour des comptes ne connaissent toujours pas.

Et je vous parle de tout cela d'autant plus précisément qu'une cliente a personnellement fait les frais de ce dispositif aberrant.

1. Arrêté du 20 janvier 2006.

Employée depuis vingt ans dans la même entreprise, cette femme a peu à peu pris conscience de procéder, sur instructions de sa hiérarchie, à des opérations frauduleuses. Elle décide alors de dénoncer le caractère illégal des déclarations fiscales et sociales qu'on lui impose de pratiquer, qui nuisent à l'intérêt général. Pour cela, elle s'adresse à la direction des douanes, et partage toutes les informations utiles en sa possession, prenant d'énormes risques vis-à-vis de son employeur, et encourant toutes sortes de représailles. Après avoir donné beaucoup de son temps à l'administration pour orienter les agents en charge de l'enquête et aider à interpréter les informations transmises durant de nombreux mois, elle finit par démissionner de son poste tant le double jeu lui est devenu intenable.

Quelques mois plus tard, lorsqu'elle vient aux nouvelles, l'administration lui oppose le secret de la procédure fiscale, puis lui précise qu'il existe de nombreux dispositifs permettant de protéger et aider financièrement les lanceurs d'alerte comme elle. Elle est donc invitée à patienter sans s'inquiéter (tout cela apparaît clairement et de façon objective dans des échanges d'e-mails). Cette femme n'a donc jamais été informée au préalable que, pour bénéficier d'un tel statut – et donc de protection et de secours –, il fallait entamer dès le début une procédure particulière.

Je vous laisse imaginer l'attitude de l'administration lorsque, deux ans plus tard, j'interviens pour demander des comptes... Après être entrée en voie de recouvrement grâce à des informations de premier ordre, celle-ci indique courageusement que l'informateur ne peut plus prétendre à une quelconque prise en charge faute d'avoir été considéré comme tel dès le début de la procédure. J'ai personnellement parlé au téléphone avec le directeur des douanes de l'époque, qui m'a répliqué, au bout du fil, que je pouvais bien m'insurger, il restait seul décisionnaire du déplafonnement et que sa décision était sans appel. La cliente n'a donc jamais obtenu d'indemnisation.

Si ce déplafonnement peut sembler légitime dans son principe (après tout, certains peuvent estimer raisonnable de faire du déplafonnement l'exception et non la règle), il n'est clairement pas raisonnable de confier cette compétence à un seul fonctionnaire, qui plus est lorsque sa décision est insusceptible de recours.

Pour résumer, le recouvrement potentiel de centaines de millions d'euros pour les caisses de l'État dépend donc du pouvoir discrétionnaire d'un seul fonctionnaire, qui agit dans l'opacité des textes et refuse de communiquer le moindre chiffre à toute forme de représentation nationale.

Cela est d'autant plus malheureux que l'on ne connaît toujours pas en France le nombre exact de salariés dédiés à la cellule des lanceurs d'alerte, et donc la dépense publique engendrée en conséquence (ils sont par exemple vingt et un aux États-Unis, et douze en Grande-Bretagne).

Un tel état de fait frappe l'État de droit, sape la confiance des citoyens dans les institutions, et accentue une crise de la représentation qui nourrit la révolte. Ce qui ne peut m'empêcher de penser à ces mots de Henry David Thoreau dans sa *Désobéissance civile* : « L'État n'est doué ni d'un esprit supérieur ni d'une honnêteté supérieure, mais uniquement d'une force physique supérieure. »

V.

L'urgence d'une réforme

En définitive, si l'on résume, la loi Sapin 2 ne protège que théoriquement le lanceur d'alerte. Dans la pratique, ce dernier est mis en danger par une procédure en palier absurde et une opacité du secours financier. Il semble donc urgent de réformer.

Pour les lanceurs d'alerte

Suppression du premier palier, qui contraint de signaler à son patron les fraudes… de son patron. L'employeur ne pourrait plus, dès lors, étouffer l'affaire en interne, en détruisant les preuves et en procédant au licenciement du lanceur d'alerte, ni avoir le temps de négocier sa tranquillité judiciaire en exploitant la nouvelle Convention judiciaire d'intérêt public (CJIP).

Une prise en charge financière : La protection du lanceur d'alerte n'est qu'instrumentale, elle vise à rassurer et à encourager le partage d'informations. Dans la réalité, ceux qui ont agi dans l'intérêt général sont les seuls à assumer les conséquences de leurs actes. Il est donc indispensable que le lanceur d'alerte puisse accéder à un secours financier sûr et transparent.

La notion de « désintéressement » du lanceur d'alerte exclut, en principe, toute aide financière. Issue d'une décision du Conseil constitutionnel de 2016[1], cette interdiction est néanmoins parfaitement contestable puisqu'elle ne concerne que la compétence du Défenseur des droits pour procéder lui-même à cette indemnisation. Autrement dit, en attribuant cette compétence à une autre institution, plus adaptée, le secours financier au lanceur d'alerte serait tout à fait possible – par exemple, au Parquet national financier ou à l'Agence française anticorruption.

De surcroît, le ministre du Budget a le pouvoir de suggérer à ces deux institutions de préciser les conditions dans lesquelles elles pourraient

1. Décision n° 2016-740 DC du 8 décembre 2016.

indemniser le lanceur d'alerte sur le modèle américain. Tout comme la loi française s'est inspirée des dispositions du *Department of Justice* (DoJ) pour instaurer la CJIP, elle pourrait parfaitement préciser les modalités d'indemnisation du lanceur d'alerte, par un arrêté, par exemple.

Le secours financier pourrait également s'inspirer de l'indemnisation des informateurs des douanes, quoique de façon plus transparente, et surtout calquée sur le modèle américain avec un barème convenu à l'avance.

Avec cette indemnisation coordonnée des lanceurs d'alerte et des aviseurs fiscaux, nous aurions une protection comparable au modèle britannique du *Public Interest Disclosure Act.* Éprouvé depuis 1998, ce système offre aux lanceurs d'alerte locaux une protection contre les représailles telles que les licenciements ainsi qu'un soutien concret durant toute la procédure judiciaire, puis la mise en place d'un dédommagement intégral pour la perte éventuelle de revenus et le préjudice moral.

Pour les aviseurs fiscaux

Si les aviseurs fiscaux bénéficient quant à eux d'une indemnisation de principe pour l'alerte portée, force est de constater son opacité, et donc son manque d'efficacité.

Transparence de l'indemnisation : Une fois admis le déplafonnement au-dessus d'un million d'euros, le ministre du Budget a les moyens, quasiment du jour au lendemain, de rédiger là encore un nouvel arrêté définissant les critères d'indemnisation chiffrés des aviseurs fiscaux – soit, en quelques lignes, de préciser, en pourcentage, les seuils à concurrence des sommes recouvrées. Cette mesure, concernant un barème connu à l'avance, pourrait être prise sans délai et offrirait aux aviseurs fiscaux plus de transparence sur leur indemnisation, et, de fait, une sécurité juridique renforcée.

Car c'est ce secours financier qui est la clé de voûte des révélations des aviseurs ; il permet de faire face au changement de vie, au licenciement, à l'impossibilité de retrouver un emploi, à la nécessité de se défendre en justice face aux procédures bâillon. On ne le répète jamais assez : un secours financier clair et transparent permet de convaincre les plus frileux à partager leurs informations.

Une indemnisation collégiale : Il est indispensable de cesser de concentrer ce pouvoir discrétionnaire d'indemnisation aux mains de deux fonctionnaires – *montant fixé par le directeur général des finances publiques, sur proposition du directeur de la direction nationale d'enquêtes fiscales.* Deux individus ne sont pas suffisants pour garantir le recul, l'objectivité, le sérieux indispensable à des cas souvent complexes. Au nombre de deux, la collégialité reste un vain mot ! Faut-il rappeler qu'aux États-Unis six étapes sont nécessaires pour établir une indemnisation juste ?

Augmentation des effectifs : Ceux qui recueillent l'information et enquêtent ne sont pas assez nombreux. Le Service des investigations élargies (SIE) se limite à quelques agents qui se comptent sur les doigts d'une main. Ils sont donc dans l'incapacité d'amortir le flux croissant de demandes. Pour en avoir parlé officieusement avec l'un de ces agents, cet effectif n'a pas bougé depuis la création du SIE, alors que les alertes ne cessent d'augmenter, aussi bien en nombre qu'en importance des fraudes. Nul besoin d'avoir fait l'ENA pour comprendre qu'il faudrait augmenter le nombre de ces fonctionnaires, dont la charge de travail explose, et qui redoutent que le moindre faux pas ne fasse fermer le dispositif. Et ce d'autant que l'on peut l'espérer exponentiel si les présentes recommandations sont suivies d'effet.

Garantir un recours : Plus qu'une indemnisation établie par une entité indépendante et collégiale, il est déterminant qu'une voie de recours soit envisageable. Comme dans toute démocratie, et comme aux États-Unis, où cela fonctionne ! En cas de refus ou de désaccord sur un chiffre d'indemnisation, il n'est pas sérieux, en France, de laisser sans recours possible autant de pouvoir à deux individus, aussi fonctionnaires investis d'une mission de service public soient-ils !

Transparence de l'indemnisation devant le parlement : Enfin, et surtout dans une démocratie, il est nécessaire de rendre compte au parlement des chiffres. Faut-il encore rappeler que les États-Unis, malgré toutes leurs fragilités, restent un pays démocratique, et que le secret des procédures fiscales n'est jamais opposé à l'aviseur de la SEC ou de l'IRS. Ceux-ci sont toujours informés des sommes qu'ils ont permis de recouvrer, et ils peuvent donc apprécier en transparence ce que l'État leur accorde en retour.

Pour les informateurs des douanes

Force est de constater que, pour les informateurs des douanes, leur statut n'a jamais été défini sur le plan juridique, pas plus que leur rémunération n'a reçu une base budgétaire incontestable. Cette situation, qui a déjà permis un certain nombre d'abus de l'administration, fragilise leur sécurité, et empêche ainsi le partage d'informations qui pourraient permettre à l'État de recouvrer des sommes considérables.

Comme pour l'aviseur fiscal, il est donc essentiel de ne plus concentrer un pouvoir discrétionnaire aux mains d'un seul fonctionnaire, en l'occurrence le directeur général des douanes, pour indemniser l'informateur.

De même que pour permettre une indemnisation claire, proportionnelle, objective, les chiffres doivent être connus du parlement et de la cour des comptes. Et, plus que tout, pour éviter l'arbitraire, garantir, comme dans tout État de droit, un recours en appel de l'indemnisation proposée en première instance.

Comment mettre en œuvre ces réformes ?

À la fois claires et objectives, ces réformes apporteraient des réponses rapides aux divers problèmes rencontrés par nos trois types de lanceurs d'alerte.

Pourtant nous nous trouvons face à un désert d'indifférence.

Pourquoi tant d'inertie et d'ambivalence ? Sur quoi pouvons-nous compter pour donner vie à ces réformes ?

Deux réponses s'offrent à nous : se servir de la directive européenne et mettre en place un référendum.

Le 24 octobre 2019, l'Union européenne a voté une directive qui, pour la première fois, protège les lanceurs d'alerte. Reste désormais à la transposer en France. Les partis politiques dans leur ensemble étaient d'accord. Pourtant, LREM et le PS n'ont pas joué la carte du consensus.

Ce blocage confirmerait-il l'influence de l'ancienne directrice de la Fédération bancaire française au ministère de l'Économie et des Finances, dont elle est aujourd'hui secrétaire générale ?

Après avoir représenté le lobby bancaire une demi-décennie, cette femme étiquetée LREM tire depuis Bercy les ficelles du parlement pour ralentir toute politique favorable aux lanceurs d'alerte. Et l'on se met à sa place : comment ne pas se poser la question du traitement des dossiers visant ses anciens employeurs, et donc les potentielles « victimes » des initiatives citoyennes de lanceurs d'alerte ? Et de nous interroger sur son influence sur la République en marche, dont elle fait partie ?

Comment ne pas y voir une incohérence entre le discours et la pratique, entre l'intérêt des élus et l'intérêt général, entre le compromis politique et le comportement éthique ? Comment ne pas en conclure qu'il est urgent que l'État mesure le manque à gagner que représente ce défaut de protection pour lutter contre le chômage et l'amélioration du niveau de vie des citoyens ?

Appelons-en au bon sens de l'intérêt général, de l'opinion publique, à la volonté des concitoyens, à l'importance d'une réforme de la protection des lanceurs d'alerte pour leur pouvoir d'achat. Appelons-en au référendum.

Certes le référendum demeure à l'initiative du président de la République, sur proposition du gouvernement ou du parlement. Mais le référendum d'initiative partagée, ou RIP, introduit en 2008 afin de permettre « *un élargissement du champ de la démocratie* », peut être organisé à l'initiative d'une poignée de parlementaires et de 10 % du corps électoral. Il est donc tout à fait envisageable dans le cas qui nous intéresse.

Défendre cette idée du référendum permettrait de donner à la France une place éminente au sein de l'Europe, de rappeler notre rôle de leader au service des libertés, qui fait notre grandeur et notre influence dans l'Union et dans le monde.

De façon plus globale encore, cette ambition permettrait d'augmenter les recouvrements de fonds détournés par les grands établissements financiers et les multinationales sur toute la planète, de même que cela éviterait toute dérive en matière d'environnement, de santé ou de renseignement.

Sachant dès lors les lanceurs d'alerte protégés, le marché s'interdirait progressivement toute dérive susceptible de faire l'objet d'une alerte. Et dans l'attente que la compréhension se fasse, il en coûterait d'importantes amendes aux entreprises visées par une alerte, comme il en a coûté des condamnations records par exemple à la Société générale (1,34 milliard) ou Siemens (1 milliard) ; ou à la société ArcelorMittal pour le déversement de ses déchcts polluant nos nappes phréatiques à très long terme ; ou encore le laboratoire Servier à l'origine du scandale du Mediator ; voire aux services de renseignement américains, humiliés dans l'affaire Snowden.

Pour la première fois de l'histoire, les gouvernants auraient à l'esprit que tout individu plus ou moins éloigné de leur entourage, personnel ou professionnel, peut décider de partager des informations si elles se révèlent délictueuses ou criminelles, ou tout simplement nuisibles à l'intérêt général.

Nous avons vu l'échec de la lutte contre les paradis fiscaux initiée en 2007, de même que la tentative de taxation des géants du numérique depuis 2010. Résultat, toujours aucun accord européen, et encore moins mondial, pour permettre de réduire les pertes fiscales liées aux stratégies d'optimisation agressives des multinationales, évaluées en dizaines de milliards d'euros de manque à gagner.

Quel risque prendrions-nous à soumettre cette question de la protection des lanceurs d'alerte à un référendum français ?

Cette position paraît évidente à certains, facile à d'autres ? Quantité de grands penseurs, d'économistes du dimanche, et autres spécialistes encombrant les écrans et les micros, auront peut-être un commentaire péremptoire à apporter sur cette idée. Certains diront que le raisonnement n'est pas assez élaboré pour eux, qu'il ignore des rouages complexes qui n'appartiennent qu'à leur cercle. Me concernant, je le pense efficace car reposant sur le seul bon sens. Je ne dis pas qu'il n'y a pas d'autres solutions pour résoudre nos maux, je dis qu'il n'y en a pas de plus claire, de plus simple, et de plus rapide.

Cette réforme, tel un test de relance, pourrait même être imposée aux prochains G20 des finances ou autres assemblées générales du FMI, de la Banque mondiale, ou même de Davos.

Elle fait écho à un texte du Conseil de l'Europe lui-même : « Lancer l'alerte doit devenir le réflexe normal de tout citoyen responsable ayant pris connaissance de dangers graves pour l'intérêt général [1]. »

1. Conseil de l'Europe, Résolution 2300, 1er octobre 2019.

Conclusion

Un exemple concret vient ici clore notre propos tant il illustre les dysfonctionnements du système de protection des lanceurs d'alerte.

Conscient des traumatismes subis par les précédents lanceurs d'alerte en France et dans le monde, tous rapidement cernés par les procédures judiciaires, un client me charge de prendre contact avec le service compétent afin de disposer, dans la nébuleuse des textes que nous avons compris, d'un maximum de garanties. C'est pourquoi son nom reste à ce stade secret.

Je me rapproche donc du Service des investigations élargies (SIE), le service spécialisé – aussi considéré comme le service secret fiscal – dédié aux aviseurs fiscaux. Mais n'acceptant pas que je garde confidentiel le nom de mon client, et a fortiori les données en ma possession, comme l'impose mon secret professionnel, j'apprends quinze jours plus tard, par un courriel que me fait suivre mon client, que mon interlocuteur d'alors est entré en contact directement avec lui par e-mail, l'invitant à lui répondre tout aussi directement dans le cadre de ce dossier qu'il cite par le nom de l'établissement financier en question. Les noms du fonctionnaire et du service sont en signature officielle de son e-mail. Aucune équivoque possible.

Une main courante est immédiatement déposée, suivie d'un courrier au ministre de l'Économie. En l'absence de réponse au bout de huit jours, une plainte est déposée contre l'administration fiscale. Habituellement, le traitement d'une plainte peut prendre plusieurs mois avant qu'il soit suivi éventuellement d'effet. Ici, une information judiciaire est ouverte en quarante-huit heures.

Je suis donc convoqué à une audition. Elle durera trois heures et permettra de répondre aux questions de façon exhaustive, de souligner les incohérences, et finalement de poser au magistrat cette question simple : si ce fonctionnaire a soi-disant tenté de me contacter par téléphone avant d'appeler directement mon client, pourquoi n'a-t-il tout simplement pas répondu à la main courante, et à mon courrier au ministre dont il était en copie ? Pourquoi a-t-il attendu une plainte, et plusieurs semaines pour produire ces éléments, sinon autant de temps qu'il en faut pour s'organiser et construire des preuves de toutes pièces pour se défendre, avec tous les moyens des services de renseignement que l'on imagine en sa possession ?

Après ces diligences éclair en l'espace de deux mois – faites d'auditions des parties, et d'expertises de mon système informatique –, le magistrat laissera le dossier se tasser, n'autorisera ni mon avocat, ni moi à un entretien pour souligner les incohérences de l'administration, et mettra près d'un an à conclure à ce que l'on appelle un « classement sans suite ». Là encore, personne n'explique pourquoi une telle diligence au démarrage (quarante-huit heures à compter du dépôt de plainte, du jamais vu), mais près d'un an sans aucun acte d'enquête avant d'obtenir ce classement.

Tout cela est révoltant : ce fonctionnaire a sali la fonction de tous ceux qui exercent leur mission d'intérêt public avec conscience, et accessoirement empêché un recouvrement sans précédent de deniers publics évalué à plusieurs centaines de millions d'euros.

À ce jour, personne n'a expliqué pourquoi le fonctionnaire en question s'est autorisé à court-circuiter un avocat. Personne n'a expliqué pourquoi aucune trace de son appel n'apparaît au standard de mon cabinet. Et surtout personne n'a expliqué comment la Livebox de mon cabinet a été réinitialisée, effaçant ainsi toute trace d'intrusion dans le système informatique[1].

À ce jour, la question est de savoir quelle logique de l'administration présidait de tels agissements ? Quel était le mobile de l'administration pour court-circuiter ainsi le travail de l'avocat, et hacker son système informatique pour tenter de disposer des données d'un lanceur d'alerte ? Je me suis posé la question, et on me l'a aussi posée dans le cadre de l'audition. Ma réponse, qui tient en quatre points, concerne le fonctionnaire du SIE contacté au début de l'affaire.

1. Il faut préciser que, techniquement, la réinitialisation de la box ne peut se faire que manuellement, et donc par une présence physique à mon cabinet.

– Il a sans doute cru que j'aurais la naïveté d'enregistrer les informations de mon client sur la base de données de mon ordinateur, ou dans un *cloud*, et qu'il lui suffirait d'un bon informaticien pour se les approprier.

– Il était en fin de carrière, et n'avait rien à perdre. Il espérait terminer brillamment avec un dossier sans précédent en termes de recouvrement, sans doute aussi excellent pour entretenir nos relations diplomatiques avec les États-Unis – ce qui, accessoirement, lui aurait peut-être valu une « décoration » selon la règle voulue par la médiocrité conquérante.

– En tant que responsable du renseignement fiscal, il estimait, selon sa morale propre évidemment, qu'il devait vérifier les informations en possession d'un avocat, au nom des « intérêts supérieurs du pays », du « secret-défense », c'est-à-dire vérifier si elles n'étaient pas « attentatoires aux intérêts de l'État », ou de quelques politiques, industriels, ou autre corporation « de sa connaissance ».

– Quoi qu'il fasse, ce fonctionnaire a sous-estimé la fidélité et la confiance de mon client. Il était convaincu qu'il ne m'informerait jamais de son initiative ; et quand bien même le ferait-il, il croyait à tort qu'un jeune avocat n'oserait jamais déposer plainte contre l'administration fiscale. Et que, surtout, il ne prendrait jamais le risque, par cette plainte, de faire fuiter le nom de son client, normalement protégé par le secret professionnel. Sans parler du fait qu'il reste difficile pour un avocat de reconnaître que son cabinet – par définition sanctuaire de quelques secrets – a été l'objet d'une attention particulière des services de renseignements français !

Je ne suis pas dans la tête de cet homme que l'on a mis en retraite anticipée, mais ce sont les quatre seules raisons que j'ai trouvées à des agissements aussi violents qu'irrationnels.

Si personne ne l'a confirmé ni infirmé aujourd'hui, tout le monde sait. Y compris Mme Pirès-Beaune, la députée en charge du rapport d'information parlementaire sur les aviseurs fiscaux. Elle auditionnera même l'intéressé, en ne mentionnant que son prénom en page 10 du rapport, et en précisant qu'il est « l'ancien chef du SIE de la DNEF » (allez savoir pourquoi, toutes les autres personnes figurant dans ce rapport ont droit à leur nom). Peut-être par corporatisme, elle assure en pages 17 et 18 : Les potentiels aviseurs « [...] peuvent également avoir recours à un avocat pour les représenter », mais il ressort des travaux de la mission que « la mise en relation indirecte, par le biais d'un tiers, peut freiner le déroulement de la procédure [...] ».

Effectivement, « la mise en relation indirecte par un tiers » – en l'occurrence un avocat qui refuse de donner le nom de son client, pour le protéger, avant d'obtenir des garanties de l'administration – « peut freiner le déroulement de la procédure » !

Mieux vaut d'ailleurs ignorer les faits en balayant cela d'un revers de main avec la formule « par le biais d'un tiers ». Mieux vaut ne surtout pas dire qu'une plainte a été déposée contre cet « ancien » fonctionnaire qu'on n'ose même plus appeler par son nom ! Mieux vaut surtout taire ces pratiques à la représentation nationale, aux parlementaires, aux concitoyens, car ce même rapport parlementaire, lui, a vocation à être public.

L'objectif de ce livre, vous l'aurez compris, est une bouteille à la mer que je lance, dans l'espoir que les dysfonctionnements dont je témoigne, les avertissements que je donne, les solutions que je propose soient entendus.

Mon affaire, et toutes celles que j'évoque dans ce livre sont éloquentes. Les lanceurs d'alerte ont déjà bien plus fait pour l'intérêt général que certains ministres. Les fonds qu'ils permettent de recouvrer se comptent en milliards. Soit autant qui pourrait être réinvesti, par ces mêmes ministres, dans la santé, la crise migratoire, les violences faites aux femmes, l'environnement, le réchauffement climatique et celui de nos océans… Soit autant, encore, pour maîtriser notre fiscalité et tenir les objectifs de politiques publiques en ne le faisant peser que sur les fraudeurs.

Car les lanceurs d'alerte ne sont pas là pour faire moins de riches, mais moins de pauvres, pour mettre fin à un capitalisme purement financier, à ses dérives, à ses excès, en faveur d'un capitalisme d'entrepreneurs. Une perspective d'autant plus fidèle aux attentes des Français telles que révélées dans le Grand Débat national, et pour faire face à la brutalité de la crise que nous traversons.

Les lanceurs d'alerte sont capables de susciter un nouvel assentiment du public aux institutions, peut-être même un consentement populaire plus important à l'impôt, ou encore la réapparition de la légitimité du maintien de l'ordre républicain, entre les Français et leur président.

J'ai la conviction absolue que contribuer à une justice sociale par la protection des lanceurs d'alerte permettra de lutter contre la corruption, mais aussi pour la transparence – avec toutes les réserves que je mets dans ce mot –, la contribution à l'impôt, la qualité d'un médicament, le respect d'un marché public, le droit des minorités, ou l'arbitraire de l'État.

J'ai parlé de l'affaire Dreyfus, de ce capitaine envoyé en prison par confort politique, qui n'aurait jamais été libéré sans le courage du général Picquart à dénoncer la supercherie. C'est de ce syndrome Dreyfus dont il faut se méfier ; toujours garder cette capacité à remettre en cause ce qui nous entoure, garder une sensibilité au risque d'erreur judiciaire, à l'arbitraire du pouvoir, aux limites de l'ordre établi.

Protéger les lanceurs n'est donc pas qu'un rêve naïvement patriotique. C'est aussi une volonté de renverser les choses pour sortir de nos problèmes, pour dégonfler nos dettes, pour préserver l'intégrité de la démocratie, pour rappeler l'importance d'oser parler.

Cette idée va bien au-delà de nos conservatismes, notre frilosité au changement, notre jalousie nationale. La cause devrait intéresser toutes les tendances politiques, sans idéologie, car leurs comportements éthiques et positifs permettront de rééquilibrer l'économie de marché, d'élever la conscience de tous, et de travailler dans l'intérêt des générations futures.

EXERCICE

Dans la peau d'un lanceur d'alerte

Quel que soit votre âge, votre métier, vous avez peut-être, à un moment donné de votre existence, disposé d'informations privilégiées dont vous avez pu vous interroger sur la légalité, et donc l'importance de les partager au nom de l'intérêt général.

Que vous considériez le lanceur d'alerte comme un délateur ou comme un juste œuvrant dans l'intérêt général, il est toujours intéressant de se mettre à la place de celui que l'on critique, ou que l'on souhaite aider.

Ainsi tant pour mieux le critiquer, que pour mieux le défendre, mettez-vous donc à sa place en réfléchissant, à votre échelle, à n'importe quel fait qui aurait pu faire l'objet d'une alerte. S'il y en a plusieurs, hiérarchisez-les. Ensuite, procédez selon les six étapes qui suivent :

1. Réfléchissez aux infractions dont vous avez pu être le témoin dans votre environnement personnel ou professionnel. Et cela ne s'adresse pas forcément aux cadres, mais aussi aux manutentionnaires, caissiers, sages-femmes... Demandez-vous si vous avez eu accès à des informations confidentielles, et si vous pensez qu'elles n'ont été couvertes du secret que parce qu'elles étaient illégales.

2. Délimitez les unités d'espace et de temps :
– compétence juridictionnelle,
– pays impliqués,
– dates des faits pour s'assurer qu'ils ne sont pas prescrits (vingt ans pour les crimes, six ans pour les délits, et un an pour les contraventions).

3. Protégez vos informations dans un lieu neutre, qui ne soit ni votre domicile (susceptible d'être « cambriolé », ou perquisitionné), ni un coffre-fort en banque (il y a toujours une trace de votre passage, et les services de renseignement peuvent y avoir accès, même si cela est nié), ni une connaissance ou même un ami dont vous n'êtes pas sûr (il pourrait tirer parti de ces informations, ou même parler).

4. Si tant est que cela puisse être une étape, ne partagez vos informations avec personne, vous

multiplieriez d'autant les risques de fuites, et donc de représailles. Le lieu doit donc rester secret ; un lieu par exemple dans lequel vous vous êtes rendu sans téléphone portable pour éviter tout bornage, et un ami éventuel doit être de confiance.

5. Saisissez la bonne autorité, en France, puis éventuellement aux États-Unis, sous réserve des évolutions législatives à venir bien sûr.

6. Au moindre doute, faites-vous conseiller.

Remerciements

On ne fait jamais rien tout seul.

Merci donc à toute mon équipe qui a contribué à ce livre, ses recherches, ses relectures, et ses avis extérieurs.

Merci à tous ceux qui ont eu la franchise de critiquer le titre de ce livre… Sans eux, je n'aurais peut-être pas autant confronté mes idées à celles de mes détracteurs. Ni convaincu tous ceux, je veux le croire, qui fermeront bientôt ce livre, et constituent individuellement ce que l'on appelle l'opinion publique. Car rien ne se fait, non plus, sans le soutien de l'opinion publique.

Merci enfin aux politiques et journalistes qui soutiennent ma cause depuis le début, aux équipes des éditions Lattès qui ont pris le risque de me publier, et qui donnent vie à cette opinion publique.

Table

Cet ouvrage a été composé par PCA

Imprimé en France par
CPI BRODARD & TAUPIN (72200 La Flèche)
en février 2021

pour le compte des Éditions J.-C. LATTÈS
17, rue jacob – 75006 Paris

PAPIER À BASE DE
FIBRES CERTIFIÉES

JC Lattès s'engage pour
l'environnement en réduisant
l'empreinte carbone de ses livres.
Celle de cet exemplaire est de :
350 g éq. CO_2
Rendez-vous sur
www.jclattes-durable.fr

N° d'édition : 01 – N° d'impression : 3042418
Dépôt légal : mars 2021